W0086558

Jeannette Villachica

Ein Jahr in Dublin

Jeannette Villachica

Ein Jahr in Dublin

Reise in den Alltag

FREIBURG · BASEL · WIEN

Originalausgabe

© Verlag Herder GmbH, Freiburg im Breisgau 2008
Alle Rechte vorbehalten
www.herder.de

Satz: Dtp-Satzservice Peter Huber, Freiburg
Herstellung: CPI Moravia Books, Pohorelice

Gedruckt auf umweltfreundlichem,
chlorfrei gebleichtem Papier
Printed in Czech Republic

ISBN 978-3-451-05971-1

Inhalt

> Sei du selbst! Alle anderen sind bereits vergeben.
>
> *(Oscar Wilde)*

Warum Dublin?

Eines Tages spürte ich: Jetzt ist es wieder so weit. Ich war 27, arbeitete in einem Straßburger Übersetzungsbüro, war verliebt in Alex, einen französischen Kollegen, und eigentlich ganz glücklich. Ich mochte Straßburg: die idyllischen Gassen der Altstadt, die Nähe zu Deutschland und meine schnuckelige Wohnung, von der aus ich alle wichtigen Orte – meine Lieblingscafés, das Büro, den Rhein – mit dem Fahrrad erreichen konnte. Alles in allem ein anheimelndes Nest. Aber ich brauchte einen Wechsel.

Ich stellte mir eine Stadt vor, die lebendiger war, aber auch nicht zu anstrengend. Eine Stadt, in der man leicht Kontakt bekam und in der ich vielleicht den Rest meines Lebens verbringen wollte. Welche das sein sollte, wusste ich noch nicht, aber Alex wusste es, als ich ihm von meiner Unruhe erzählte.

„Wir könnten nach Dublin gehen", sagte er sofort.

Alex war in Straßburg aufgewachsen, seine Eltern und die meisten seiner Freunde lebten dort. Ich hatte nicht gewusst, dass er auch weg wollte. Wir kannten uns erst seit ein paar Monaten und hatten – wen wundert's – noch nie übers gemeinsame Weggehen gesprochen. Dennoch war es nicht völlig abwegig: Wir waren unzertrennlich und beide ziemlich genervt von der Weltuntergangsstimmung in Deutschland und Frankreich. In beiden Ländern herrschte die Krise. Auch Alex und ich würden in Kürze unsere Jobs verlieren, und die Aussichten, als Informatiker (Alex) und Übersetzerin (ich) mit wenig Berufserfahrung in Straßburg eine neue Stelle zu finden, waren alles andere als rosig. Und dann war da natürlich der Kick des Neuen, das Abenteuer. Mir ging es zudem um etwas, das man hätte Heimatsuche nennen können. Die Suche nach einem Ort, an dem ich mich zugehörig fühlte, war für mich längst nicht abgeschlossen.

Aber warum Dublin? Frédéric, ein Ex-Kommilitone von Alex, der seit zwei Jahren in Dublin arbeitete, hatte uns erzählt, es gebe dort jetzt jede Menge Jobs, nicht nur in der Informationstechnologie. Die Iren seien so glücklich über den wirtschaftlichen Aufschwung, dass sie sich in einer Art Dauerhoch befänden. Auch deutsche Zeitungen hatten den Celtic Tiger entdeckt und schrieben über die gute Stimmung im ehemaligen „Armenhaus Europas". Internationale Konzerne, allen voran amerikanische, ließen sich im Dubliner Großraum nieder, um von dort aus den europäischen Markt zu bedienen. Sie suchten händeringend junge, flexible Arbeitskräfte, die möglichst viele Sprachen beherrschten. Leute wie Alex und mich.

Es hatte eine Zeit gegeben, in der meine Begeisterung für die Grüne Insel meine eher bewundernde Liebe zu Frankreich völlig verdrängt hatte. Nach dem Abitur war ich mit einer Freundin zwei Sommer lang durch Irland gereist. In Dublin waren wir nur kurz gewesen. Als echte Ökos auf dem Naturtrip konnte uns die Stadt wenig bieten. Ganz im Gegensatz zur rauen, unbezähmbaren Landschaft Connemaras und Donegals. Die war mir nicht nur im Gedächtnis, sondern – ja, wirklich! – im Herzen geblieben. Und ich war bezaubert von den kontaktfreudigen, herzlichen Menschen, die uns staubige Tramper zum nächsten Hostel fuhren, obwohl es nicht auf ihrem Weg lag. Ich mochte ihren Galgenhumor und ihre wehmütig-fröhliche Musik. Ich mochte sogar ihre Pubs, obwohl ich damals überhaupt keine Kneipengängerin war. Es waren zwei lustige und besinnliche Sommer mit den Pogues und Fiddler's Green, mit Bölls Irischem Tagebuch, unseren Skizzenbüchern, Brombeerhecken und Crunchy-Nut-Müsli. Die einzige brenzlige Situation auf der Reise war, dass uns eine Kuhherde attackierte, als wir ihre saftige Wiese überquerten.

Eine Menge Klischees, denke ich heute. Eine beglückende Illusion vom Eins-Sein mit der Natur. Ich fühlte mich willkommen und gut aufgehoben, musste nichts beweisen. Natürlich war das Urlaub. Und nicht Dublin. Aber die menschliche Wärme und Geborgenheit, die ich mit Irland verband, fand ich auch in anderen Dingen: Ich liebte Filme von Jim Sheridan und Neil Jordan, Texte von Roddy Doyle und Oscar Wilde und Songs von U2, Sinéad O'Connor und Van Morrison. In einigen ihrer Werke spürte ich das pralle Leben, das man auskostet, egal, ob es gerade leicht oder schwer ist: den Kampf mit sich und der Außenwelt; Melancholie, aber auch eine tiefe Lebenslust und ein Vertrauen in das Gute im Menschen; verquerer, manchmal derber Humor und scharfer Witz als Lebenselixier. Nicht zuletzt standen die oben genannten Meister in meinem Kopf für das rechte Maß an Verrücktheit und Bodenständigkeit, für Familiensinn und Solidarität, gepaart mit der unspektakulären Unterwanderung von Autoritäten.

Nur leider war Irland nicht gleich um die Ecke. Mir kamen immer wieder Szenen wie aus einem Bollywood-Film in den Sinn: meine Familie und Freunde in Deutschland auf der einen Seite des Wassers, ich auf der anderen. Wir recken voller Sehnsucht die Arme, aber die Irische See erweist sich als unüberwindbar. Und dann das Wetter. Ich bekam, gelinde gesagt, ein mulmiges Gefühl, als ich mich daran erinnerte, wie sehr mir der irische Regen und die erschöpfenden, schnellen Wetterwechsel auf die Stimmung geschlagen hatten. Aber in einer Großstadt wie Dublin wäre man ja bestimmt nicht so vom Wetter abhängig. Oder?

Kurz darauf fing Alex in Dublin als Technical Support Specialist an. Ich musste noch drei Wochen lang auch abends Anleitungen für medizinische Geräte und Broschüren fürs Tourismusbüro der Region Rhône-Alpes übersetzen. Woher die viele Arbeit plötzlich kam, war mir ein Rätsel, schließlich sollte das Büro wegen Auftragsmangel geschlossen werden. Jedenfalls hatte ich kaum Zeit, mich nach Stellen in Dublin umzusehen. Alex erklärte am Telefon, ich könne die Jobsuche ruhig auf meine ersten Tage in Dublin verschieben. Dort laufe alles über Recruitment Agencies, die meist sehr kurzfristig Leute suchten. Eine Stelle würde ich mit meinen Sprachkenntnissen auf jeden Fall schnell finden, wenn auch vielleicht nicht gleich als Übersetzerin.

Die Tatsache, dass ich ohne Job nach Irland übersiedeln würde, beruhigte mich nicht sonderlich. Ich konnte das natürlich schlecht zugeben, weder meinen Eltern gegenüber, die vor Sorge um ihre rastlose Tochter sowieso kaum schlafen konnten, noch in Gesprächen mit meinen Freunden, von denen mich einige für verrückt erklärten. „Was willst du denn als Übersetzerin für Französisch und Spanisch in Irland?", fragte Katja. Plötzlich wusste ich das auch nicht mehr, und mir kam nur ein „Die Arbeit ist ja nicht alles, oder?" über die Lippen. Andere Freunde beneideten mich oder fanden es grundsätzlich mutig, ins Ausland zu gehen. Ich kam mir wenig heldenhaft vor. Was, wenn ich keinen Job fände? Je näher der Zeitpunkt meiner Abreise rückte, desto mehr schnürten mir düstere Gedanken den Hals zu.

Abends redete Alex beruhigend auf mich ein: „Es wird schon alles gut für uns laufen, Chérie. Warte doch, bis du hier bist, bevor du dich aufregst." Ich versuchte es. Schließlich wollte ich weder vor Alex noch vor den Iren als hysterisches Nervenbündel dastehen. Ich nahm mir vor, mich an den legendären irischen Optimismus zu halten. Schon Böll wusste, dass für einen Iren nie der schlimmste Fall eintreten kann. Im „Irischen Tagebuch" hatte ich gelesen: „Stirbt einem die geliebte und hochverehrte Großmutter, so hätte ja auch noch der geliebte und verehrte Großvater sterben können; brennt der Hof ab, die Hühner aber werden gerettet, so hätten ja auch noch die Hühner verbrennen können, und verbrennen sie gar: nun – das Schlimmere: dass man selbst gestorben wäre, ist ja nicht passiert. Stirbt man gar, nun, so ist man aller Sorgen ledig, denn jedem reuigen Sünder steht der Himmel offen, das Ziel mühseliger irdischer Pilgerschaft." Ich besaß zwar weder Hof noch Hühner, meine Großväter lagen auch schon im Grab, aber deswegen glaubte ich noch lange nicht, mir könne nichts Schlimmes mehr passieren. Vielleicht würde mir das Gottvertrauen fehlen, dennoch wollte ich versuchen, in Irland ein bisschen gelassener zu werden. In ein, zwei Jahren würde ich dann, von Selbstzweifeln befreit und von Optimismus durchdrungen, zurückkehren. Oder ich würde für immer dort bleiben, einen Bauern in Mayo heiraten und sieben Kinder kriegen. Möglicherweise wäre ich nach der siebten Geburt auch froh, überhaupt noch zu leben. Nun ja, vorsorglich erzählte ich niemandem davon. Schon gar nicht Alex, der sich und mich vermutlich wieder einmal gefragt hätte, warum Deutsche sich das Leben so gerne schwer machten. Natürlich war das ein plattes Vorurteil. Eigentlich war ich die Unbeschwertheit in Person. Ich musste nur den richtigen Ort, die richtigen Menschen, das richtige Leben finden, um diese Seite an mir ausleben zu können. Straßburg war kuschelig, aber in Sachen Witz und Leichtigkeit hatten mir die Elsässer wenig voraus. Vielleicht wäre ja Dublin die Stadt, in der sich mein wahres Ich voll entfalten würde. Es war einen Versuch wert.

August – O du, mein Reihenhaus

MEINE SITZNACHBARIN VERRENKTE SICH, um einen Blick auf die Bucht zu erhaschen. Bis dahin hatten wir den Flug fast schweigend verbracht, sie in einen englischsprachigen Schmöker mit rosafarbenem Einband vertieft, ich in meine Gedanken. In der Woche davor war ich kaum zu mir gekommen: packen, die Wohnung auflösen, mich von Kollegen und Freunden verabschieden, meine Sachen zu meinen Eltern nach Nürnberg fahren. Gut bepackt machte ich mich auf den Weg. Am Flughafen ein paar Tränen vergossen, Küsse, Umarmungen und Segnungen aller Art ausgetauscht. Irgendwann saß ich wirklich im Flugzeug und war wie in Trance. Ob vor Glück oder vor Erschöpfung, keine Ahnung. Jedenfalls zogen die zwei Stunden, die die Maschine nach Dublin brauchte, an mir vorbei. Erst als die Stewardess die Landung ankündigte und ich aus dem Fenster sah, kam mein Kreislauf wieder in Gang. Unter uns lagen grüne Wiesen und Felder, die in der Sonne leuchteten. Dazwischen Baumreihen und kleine Siedlungen. Links in der Ferne lag Dublin. Das Wasser glitzerte in der Bucht. Ein paar Wolken und offenbar starker Wind sorgten für ein schnelles Schattenspiel.

„Great weather we're having." Meine Sitznachbarin lächelte mich an und steckte ihr Buch ein. „Machen Sie Urlaub in Irland?", fragte sie mit einem harten Akzent. Ich bejahte der Einfachheit halber. Was hätte ich ihr von meinem Leben in Dublin erzählen können? Ich wusste ja selbst noch nichts darüber. „Da haben Sie Glück", meinte sie. Sie sei nur für ein paar Tage in Irland, weil ihr Bruder heiratete. „Ich arbeite seit zwei Jahren in Osnabrück."

Neben dem Flughafengelände waren ein paar Kühe, Schafe und Pferde wie Spielzeug auf den Wiesen verteilt. Mir war ganz heiß vor Aufregung, als ich irischen Boden betrat. Auf den Rollbahnen standen ein paar grün-weiße Aer-Lingus-Maschinen mit dem dreiblättrigen Kleeblatt drauf. Gleich würde ich Alex wiedersehen und kurz darauf unser Haus betreten. Mein Herz klopfte, die Sonne schien weiter, und zum ersten Mal seit drei Wochen dachte ich, ohne dass Alex es mir ins Ohr flüsterte: „Es wird schon alles gut für uns laufen."

Ein paar Tage zuvor klang Alex geradezu euphorisch. „Wir haben endlich ein Haus gefunden", platzte er heraus. „Ein Reihenhaus in Artane, einem nordöstlichen Stadtteil. Die Gegend ist nicht besonders schön, aber mit dem Bus nur eine Viertelstunde vom Zentrum entfernt. Und vor dem Haus steht eine Palme!" Das Haus war die einzige Unterkunft, die Alex passabel und bezahlbar fand. Und das, obwohl er seine Ansprüche jeden Tag weiter runtergeschraubt hatte. In der Firma hatten sie den Neuankömmlingen geraten, sich zusammenzutun und zu dritt oder viert ein Haus zu mieten. Eine freie Ein- oder Zweizimmerwohnung würden sie nicht so schnell finden, und teurer sei das im Verhältnis allemal. Ich hatte jahrelang in Wohngemeinschaften gelebt und kein Problem damit. Alex schon. Ihn entsetzte der Gedanke, mit Fremden unter einem Dach zu wohnen. Da das Bed & Breakfast, in dem er schlief, jedoch langsam unbezahlbar wurde, tat er sich schließlich mit seinem deutschen Kollegen Till zusammen und mietete das voll möblierte Prachtstück in Artane. Schon am nächsten Tag zogen sie ein. Einen Mietvertrag gab es nicht, nur einen warmen Händedruck vom Vermieter und eine Quittung für die Kaution.

Da stand ich nun an einem Samstagnachmittag vor eben diesem Haus. Im Vorgarten war sie, die Palme. Nicht die prächtigste Vertreterin ihrer Art, eher klein und hager, die untersten Blätter waren braun, aber sonst gab es in der Tat nicht viel, das man hätte positiv erwähnen können. Die ehemals weißen Reihenhäuser konnte man allenfalls an den Autos unterscheiden, die davor standen. Wie war das mit den bunten Türen in Irland? Hier war fast jede Tür braun oder aus braunem Holz, kombiniert mit Glas. Es gab auch keine Balkone oder Blumenkästen, die man hätte bepflanzen und so ein bisschen Farbe ins Spiel bringen können. Auch in den Vorgärten schien sich die Leidenschaft fürs *gardening* nicht durchgesetzt zu haben. Alles nicht sehr anheimelnd.

„Der Anblick haut dich um, was?" Alex schaute besorgt. Ich riss mich zusammen. „Zum Glück ist unser Haus das letzte in der Straße, da finden wir es auch nachts." Ein Mann, der vor dem Nachbarhaus geparkt hatte, stieg aus und warf uns zusammen mit einem Lächeln ein „How's it goin'?" entgegen. Äh. „Fine thanks", antwortete ich brav. Spätestens nach ein paar Tagen war mir klar, dass auf diese und ähnliche Fragen niemand durchdachte Ausführungen zu meinem Befinden erwartete. Dennoch dauerte es ewig, bis mir auf ein „How're you?" oder ein breiteres „Howaya?" ein gedehntes „Grand!" oder „Very well, thanks a million. An' yourself?" wie automatisch über die Lippen kam. Geht's mal nicht so „brilliant" und will man das auch wirklich kundtun (das will man in Irland viel seltener als in Deutschland), erwidert man: „Not too bad" (mittelmäßig), „Not too good" (nicht so gut) oder „Useless!". Für Letzteres muss man aber schon mit einem Bein im Grab stehen.

Till guckte einen Actionfilm, als wir reinkamen. Sein Auto mit Hannoveraner Kennzeichen hatte er, wie viele unserer Nachbarn, im Vorgarten, direkt vor der Fensterfront des Wohnzimmers geparkt. Alex hatte mir erzählt, wie froh er war, dass Till ein Auto besaß. Die Wohnungsbesichtigungen nach der Arbeit und am Wochenende seien auch mit Auto anstrengend genug gewesen. Ich sah mich um. Till saß aufrecht auf einer riesigen Couch, das eine Bein übers andere geschlagen. Das Wohnzimmer war nicht übel. Klar, in Deutschland hätte ich mich geweigert, mit solch pseudorustikalen Möbeln zu leben, aber immerhin waren die Farben nicht völlig abartig, und es gab einen echten Kamin! Davor stand eine Kiste mit Feuerholz. Die Küche war relativ groß und, von einer Einbauküche abgesehen, leer. Hinter Esszimmer und Küche lag der Garten. Zwei Stufen runter, und ich stand auf einem Rasen, der wie der im Vorgarten schon etwas verwildert war. Einen Rasenmäher an der Hauswand und eine Reihe von Fuchsien hinten an der grauen Mauer, die den Garten rundum abschirmte, gab es auch noch. Hinter der Mauer raschelten Baumkronen im Wind.

Oben waren vier Zimmer, den vierten Mieter mussten wir erst noch finden. Das Bad war mit seinem hellblausonnengelben Komplettanstrich der freundlichste Raum im Haus. Alex und ich teilten uns einen *single room* und einen *double room*. Ersteres war eine 8-Quadratmeter-Kammer mit einem Bett, einem kleinen Schreibtisch und einem Kleiderschrank. Im *double room* befand sich dasselbe, nur größer, und zusätzlich ein Regal. Die Miete lag um ein Drittel höher als im deutschen Durchschnitt.

Ein paar Tage später stand unser Vermieter vor mir. Mr. Donoghue (gesprochen Donohuh) kam einmal im Monat von der kleinen Stadt Wicklow „up to Dublin". Unser *landlord*, ein Mann um die sechzig, meinte sofort, er habe es eilig. Er steckte unser Geld ungezählt in die Hosentasche, ließ sich dann doch im Wohnzimmer nieder und versuchte, uns über die Mieter seiner anderen Häuser in der Straße auszufragen.

Die Nachbarn hätten sich beschwert: Die Jungs aus Nummer 17 würden ständig Partys feiern. Pech nur, dass auch Alex und Till „die Jungs" aus dem übernächsten Haus praktisch nicht kannten. Zwei waren Franzosen, ein Engländer und ein Holländer waren dabei – alle schon mindestens ein Jahr in Dublin. Sie schienen kein Interesse an uns Neuankömmlingen zu haben. Aber das wollte Mr. Donoghue nicht glauben. In den nächsten Monaten fragte er Till und mich immer wieder nach ihnen. Einmal wollte er wissen, wie sich die Franzosen und der Engländer denn verständigten. „Jeder weiß doch, dass Franzosen sich weigern, Englisch zu sprechen. Wenn ich drüben bin, sagen sie kein Wort", beschwerte er sich. Dass Alex auch Franzose war, hatte er wohl vergessen. Oder er ignorierte es, wie er Alex aus einem mir unerfindlichen Grund meist ignorierte.

Mr. Donoghue ließ uns wissen, mit den Deutschen hätten die Iren ja nie Probleme gehabt. Die Deutschen seien ordentlich, zerstörten nichts mutwillig und ihre Miete würden sie immer pünktlich zahlen. Deutsche Mieter habe er noch lieber – ach was: viel lieber als Iren. Kürzlich habe er erst wieder einer Gruppe „young Irish fellas" kündigen müssen. „Ihr hättet sehen sollen, was diese Mistkerle aus der Wohnung gemacht haben. 'Twas bloody hell!" Was so höllisch war, konnte ich mir einige Monate später vorstellen, als ich die Wohngemeinschaft meines Arbeitskollegen Johnny und seiner Kumpel sah. Mr. Donoghue wollte an diesem Tag nicht weiter drauf eingehen. Er hievte sich von unserem wild gemusterten und schon reichlich durchgesessenen Sofa hoch und meinte: „Also, Leute, ich bin dann weg. See yese next month."

Einen Monat zuvor hatte ich meine Englischkenntnisse noch für einigermaßen solide gehalten. Was ich nun um mich herum hörte, war mir jedoch ziemlich fremd. Im irischen Englisch gibt es oft schnalzende Laute, das R wird hart gerollt, und die Aussprache erinnert auch sonst eher an das kaugummiartig gedehnte Amerikanisch – allerdings rauer, behäbiger und weniger draufgängerisch – als an ein schmallippiges Englisch. Hinzu kommen die Unterschiede je nach Gesellschaftsschicht. Nach und nach erschlossen sich mir ein paar Gesetzmäßigkeiten, ich verstand die ersten speziell irischen Redewendungen und konnte irgendwann selbst ein paar der fantasievollen Kreationen der Dubliner Alltagssprache anwenden. In den ersten Monaten war ich jedoch nicht selten damit beschäftigt, das, was in meinen Ohren wie Genuschel, Lautdehnungen und Lautverschiebungen klang, zu enträtseln.

Das fing schon am Tag nach meiner Ankunft an. Ich war begeistert, als Alex mir erzählte, dass die Supermärkte und größeren Geschäfte in Einkaufszentren und in der Innenstadt auch sonntags geöffnet waren. Da unser Kühlschrank leer war, ließ Alex sich überreden, mit Till und mir zum nahe gelegenen Shopping Centre zu spazieren. Wir gingen an identischen Reihenhausketten und einem großen Rasenfeld mit zwei schmalen, weißen Torrahmen entlang. Jungs in Trikots spielten Fußball. Auf einer hohen grauen Mauer waren Stacheldraht-Knäuel um Metallstangen gewickelt. Durch ein eisernes Tor schauten wir auf ein düsteres, gefängnisartiges Gebäude. Till zufolge gehörte es zu einer Secondary School for Boys, die kürzlich wegen Missbrauchsfällen in den Sechzigerjahren in die Schlagzeilen geraten war. Genaueres wusste er nicht – zum Glück. Mein Bedarf an rauem Artaner Lokalkolorit war erstmal gedeckt.

Auf dem Platz vor dem *Artane Castle Shopping Centre* gab es weder Burg noch Schloss, nur einen großen Parkplatz mit Dublinern, die Einkaufswagen voller Riesenpackungen zu ihren Autos schoben. Im Einkaufszentrum waren rund fünfzehn Geschäfte und Geschäftchen, ein Schnellrestaurant und eine Bank kreisförmig angelegt. Vom Kreisverkehr hielten die Iren viel, das hatte ich schon gemerkt. Der Publikumsmagnet war eindeutig Tesco, zumindest trugen fast alle Leute weiße Plastiktüten mit dem Schriftzug der englischen Supermarktkette nach draußen. Ähnliche Tüten hatten übrigens bei uns in der Nähe in den Bäumen gehangen.

Der Supermarkt war riesig und voller Menschen. Auffallend viele trugen Jogginganzüge: Frauen, auch mittleren Alters, in Weiß, Rosa oder Blau, männliche Teenager meist in Dunkelblau oder Grautönen. Andere Kunden waren unauffällig – *casual* – gekleidet. Bleiche Jungs hatten ihre Haare im Military-Look ganz kurz rasiert, andere ihre geringfügig längeren Haare vom Haaransatz mit Gel strähnig nach vorne gekämmt. Oft war auch ein Teil des Oberkopfes blondiert oder sonstwie gefärbt. Die Mädels waren sportlich-sexy gestylt, meist bauchfrei oder mit weitem Ausschnitt, mit großen Ohrringen und Turn- oder Plateauschuhen. Es waren vor allem Gruppen unterwegs: Jugendliche, Frauen mit ihren Kindern oder Enkeln und Kleinfamilien. Nur ältere Männer waren kaum darunter.

Wir steuerten unseren Einkaufswagen vorbei an Regalen mit bestimmt zwanzig Sorten abgepackter Burger, gefüllter *rolls* (Brötchen) und sonstiger *deli snacks*. Es folgten fünf Meter mit Milchkanistern, zwei Meter mit Lachs, Kabeljau, Thunfisch und anderem Meeresgetier, viel geräuchert oder gegrillt. In den Kühltruhen lagen unzählige Fertiggerichte, die mich an einen Urlaub in den USA erinnerten. Aber vor allem für Liebhaber von Milchprodukten und Süßem war dieser Supermarkt das Paradies: So viele Sorten an abgepackten *desserts, cakes, pies, cookies* und *tarts* mit oder ohne farbigen Zuckerguss hatte ich noch nie gesehen.

Alex suchte nach Camembert. Dazu mussten wir an vier Metern Cheddar- und Margarinesorten vorbei. Es gab auch eine Reihe gut aussehender *Irish farmhouse cheeses*, aber der Cheddar war unvermeidlich: roter Cheddar, „cremig weißer", „extra reifer", „halb reifer" und *„vintage"* Cheddar (zwei Jahre gereift). Weiter hinten waren die Weichkäse, unter anderem „echter Camembert aus Frankreich". Der kostete mindestens das Anderthalbfache, wenn nicht das Doppelte von dem, was man in Deutschland dafür bezahlt hätte, allerdings war auch der heimische Cheddar nicht gerade günstig.

Beim Brot trafen wir Paul und Mary. „Hallo, Nachbarn!", rief der Mann, der uns am Tag zuvor mit „How's it goin'?" begrüßt hatte. „Doin' some shopping?" Er stellte sich und seine Frau vor. Mary war zwei Köpfe kleiner als Paul und hatte lange, glatte braune Haare, die durch ihren Porzellanteint wohl dunkler wirkten, als sie waren. Beide mussten Anfang dreißig sein und wohnten, wie ich nun erfuhr, mit ihren „drei kleinen Gören" direkt neben uns. Nachdem Mary sich erkundigt hatte, woher ich käme und ob Alex und Till sich schon eingelebt hätten, forderten sie uns auf, einmal mittwochs in ihren *local pub* zum Film- und Musik-Quiz zu kommen. Die Veranstaltung sei kostenlos und „it's great craic" (das war anscheinend so etwas wie eine Riesengaudi), obwohl die Fragen nicht gerade einfach seien. „Man teilt sich in Gruppen ein und die Gewinner bekommen ein paar kostenlose Pints oder einen Restaurant-Gutschein", erklärte Paul.

Ich strahlte. Eine Verabredung mit sympathischen Iren in einer Eckkneipe war doch grandios für den ersten Tag! Ich sah uns schon vor mir, wie wir in Kürze als Stammgäste vom Barkeeper und unseren zahlreichen neuen Bekannten mit großem Hallo begrüßt werden würden. Wir wären eingebunden in das Gelächter und plapperten drauflos, als ob wir immer in Dublin gelebt hätten. Dafür müsste ich allerdings auch mal den Mund aufmachen. Jetzt war der beste Zeitpunkt, um damit anzufangen. Ich nahm in Gedanken Anlauf und ...

„Aber sicher kommen wir, sehr gerne sogar." Alex kam mir zuvor. „Aber beschwert euch nicht, wenn euer Team dann verliert." Alle lachten.

„Wait a minute. Sei dir nicht so sicher, Kumpel." Klar, Paul konnte das nicht auf sich sitzen lassen. Wir bräuchten uns gar keine Hoffnungen zu machen. Mary sei nämlich der Pubquiz-Champion. „Sie kennt sich in allen Bereichen aus. Stimmt's, Liebling?"

Mary: „Glaubt ihm kein Wort."

Alex und Till hatten schon ein paar Brotsorten ausprobiert. Ihr Urteil fiel vernichtend aus: „Alles wabbelig und ohne Geschmack" (Till). Daher überließen sie mir die Entscheidung. Dunkles Brot, Toastbrot, Brötchen, *scones* (eine Art süßes Brötchen), Früchtebrot, Knäckebrot ...? Ich griff nach einer Toastpackung und einer Tüte mit *wholewheat bread*, Vollkornweizenbrot, das relativ dunkel aussah, sich aber zu Hause als bröselig und trocken entpuppte.

Um mein erstes Wochenende in Dublin zu feiern, fuhren Alex und ich abends in die City. Till wollte ins Kino und ließ uns in der Nähe der O'Connell Street mitten im Zentrum raus. Unterwegs zum Café en Seine, einer Bar auf der Südseite, erfuhr ich, was es mit der Unterteilung in *northside* und *southside* auf sich hatte. Die Liffey, der Fluss, der sich mitten durch die Stadt zieht, schirmt traditionell die Besserverdiener auf der Südseite von den Arbeitern auf der Nordseite ab. Im Süden lagen die Botschaften, ein Großteil der Universitätsgebäude, die großen Hotels, die teuren Geschäfte und die schicken Bars. Im Norden sah man noch Anfang des Jahrtausends vorwiegend Billigläden, triste alte Backsteinsiedlungen und öde neuere Reihenhaussiedlungen wie unsere in Artane. Die Formel *northside* = arm, *southside* = reich gilt heute jedoch höchstens noch für den Innenstadtbereich. Und auch dort hat sich die Bevölkerung durch den Zuzug von Ausländern und den Bau neuer Shopping-Center, durch die Renovierung beziehungsweise den Abriss und Neubau ganzer Viertel stark durchmischt.

Ich kann mich noch genau an diesen Abend erinnern. Die untergehende Sonne fand im Flussbett wenig Wasser, um sich darin zu spiegeln. Entweder war gerade Ebbe oder der Klimawandel hatte der Grünen Insel bereits ihre erste Trockenzeit beschert. Aus dem Morast unter der alten steinernen O'Connell Bridge lugten ein Einkaufswagen, ein Mülleimer und andere, nicht identifizierbare Teile hervor. Wir gingen auf der Südseite am Trinity College vorbei. Die Straßen quollen über vor lachenden, jungen Menschen. Da war sie, die elektrisierende Stimmung, die ich mir erhofft hatte. Vielleicht würde ich mich auch irgendwann so ungezwungen bewegen wie die Irinnen, die in Gruppen an uns vorbeizogen. Viele trugen High Heels, kurze Röcke oder enge Jeans und Tops mit Spaghettiträgern, die meisten zeigten viel Haut. Einigen stand das nicht so gut, die Sache mit dem Schlankheitskult hatte in Irland erst begonnen. Heute gibt es Muckibuden an jeder Ecke und in jeder Preisklasse. Und *fish & chips* sind zumindest unter den neuen, gesundheitsbewussten Mittelschichts-Dublinern so was von out. Diese Dubliner erkennt man eher daran, dass sie auch im Business-Outfit ihre natürliche Ausstrahlung behalten und nicht glauben, sie müssten damit über den Dingen stehen oder geschäftig dreinblicken. Andererseits gibt es mehr Übergewichtige als früher, besonders in der Unterschicht. Seit Irland eines der reichsten Länder der Welt ist, haben sich die Verhältnisse umgekehrt: Früher war die Mehrheit spindeldürr, nur die schmale Oberschicht hatte was auf den Knochen. Heute ist die Mehrheit finanziell gut gepolstert und mehr oder weniger schlank. Dafür sieht man Menschen mit wenig Geld oft an, dass Fast Food unterwegs die günstigste Art ist, satt zu werden.

Es war noch früh am Abend, vielleicht 7 pm. Frischer Wind war aufgekommen, und die Wolkendecke über uns wurde immer dichter und dunkler. Wir spazierten durch die Shoppingmeile Grafton Street, die Teil einer Fußgängerzone ist, vorbei am Park St. Stephen's Green, und bogen links in die Dawson Street ein, als die ersten Tropfen fielen. Außer uns schien sich keiner darum zu kümmern. Eine Jacke oder einen Schirm trugen nur ein paar ältere Leute. In der Dawson Street lagen traditionelle Pubs neben schicken neuen Bars. Wir betraten das Café en Seine und damit eine ganz eigene Welt.

„Wow", raunte ich. So etwas Mondänes hatte ich in Dublin nicht erwartet. Ich war überwältigt von der pompösen Schönheit, der opulenten Dekadenz dieser Bar, die exotische Pariser Etablissements der Jahrhundertwende imitierte. Dunkles Holz, Skulpturen, geschnitzte Tiere und Pflanzen, Schnörkel in Emaille und Gold. Spiegel an den Wänden, riesige Kronleuchter und Deckenglasfenster im Art-déco-Stil, durch die gedämpftes Licht fiel. Eine geheimnisvolle Atmosphäre. Halb Kolonialzeit, halb Moderne. In den hallenartigen Räumen gab es mehrere Bars, oben zwei weitere Ebenen, der Zugang dazu war versperrt. Ein Kellner, der mich staunen sah, meinte, sie würden oben erst später öffnen. *All right*. Ich wollte sowieso lieber unten diese unglaubliche Atmosphäre tanken.

Wir schnappten uns zwei Hocker, die gerade frei wurden, und setzten uns an die Bar. Der Barkeeper unterhielt sich am anderen Ende des Tresens und machte keine Anstalten, uns zu bedienen. Alex erzählte, er sei am vorherigen Freitag mit Kollegen hier gewesen. Die Bar gab es erst seit kurzem, und die meisten seiner Kollegen, vor allem die Iren und Franzosen, hätten sie dekadent und völlig überteuert gefunden. Dennoch schien die Bar voller Iren zu sein. Es waren aber auch dunkelhäutige Schönheiten hier, glamourös gestylt, meist zwischen 25 und 40. Blanke Speckbäuche gab es hier nicht und keine strähnig-gegelten Haare. Die Stimmung um uns herum war gut, gelöst, heiter. Man guckte sich um, beäugte sich aber nicht. Man zeigte sich und flirtete offen. Wichtiger war es aber anscheinend, innerhalb des Freundeskreises für Stimmung zu sorgen. Hinter uns stand eine Gruppe von Freunden, die heftig über einen Priester und seine verkorksten Kollegen diskutierte. Später erfuhr ich, dass „Father Ted" eine äußerst beliebte irische Fernsehserie war. Das Thema lieferte jede Menge Stoff für Lacher, Schimpftiraden, heftige Zustimmung und wieder Lacher.

Irgendwie hatte der Mann neben mir es geschafft, den Barkeeper anzulocken. Der schlenderte jetzt in unsere Richtung.

„You're okay?"

„A pint of Carlsberg", hörte ich es gedämpft neben mir.

Der Barmann hielt uns fragend sein Gesicht entgegen. „Für mich ein Pint Guinness und ..." Alex sah zu mir herüber. „I'll take a glass of Bulmers." Ha! Der Satz kam mir wie Öl über die Lippen. Ich geb's zu, ich hatte vorher ein bisschen geübt, in Gedanken natürlich. Bulmers war Cider, eine Art herber Cidre. Und weil Bulmers der bekannteste, wenn nicht sogar der einzige irische Cider-Produzent ist, ist Bulmers in der Pubsprache gleichbedeutend mit Cider.

„Pint o Guinness ana glass o Bulmers!", rief der Barkeeper seinem Kollegen zu, der gerade hinter die Theke geschlüpft war. Während wir auf unsere Getränke warteten, erzählte Alex, wie er diese Bar entdeckt hatte. Seine Kollegin Sharon hatte ihn und andere Dublin-Anfänger hierher geführt. Sie sei öfter da, ihre Schwester bediene hier.

„Ist sie da – Sharon, meine ich?"

Alex schaute sich um und schüttelte den Kopf.

„Und sonst jemand aus deiner Firma?"

„Nope."

Na ja, es wäre auch ein großer Zufall gewesen, wenn ich schon am zweiten Abend einen von Alex' Kollegen kennengelernt hätte. Seit drei Wochen paukten sie nun die Grundregeln des telefonischen Kundendienstes, außerdem Warenkunde des Computerherstellers, der sie nach Irland geholt hatte. Vor ein paar Tagen hatten sie an den Telefonen angefangen. Acht Stunden am Tag versuchten sie nun Menschen zu helfen, die technische Probleme mit ihren Rechnern hatten. Und zwar in möglichst vielen Sprachen. Alex nahm Anrufe aus Frankreich, Belgien, der Schweiz, Luxemburg, England, Irland, Deutschland und Österreich an.

Unsere *drinks* kamen. Der Barkeeper wollte gleich kassieren. Ich fiel fast vom Hocker, als ich hörte, was er uns abknöpfen wollte. Mein Tresennachbar prostete uns mit einem „Cheers!" zu und meinte dann mit freundlicher Miene, wir hätten vor zehn Jahren kommen sollen, da wäre ein Bier noch kein Luxus gewesen. Äh, guter Tipp, *thanks a million*.

In die cremefarbene Schaumkrone des schwarzbraunen Guinness war ein Kleeblatt gezeichnet. Mein *glass of cider*, das ein halbes Pint, also 0,28 Liter maß, machte sich dagegen eher bescheiden aus. Dafür war der dünnflüssige Cider süffig und leicht und legte mir nicht wie Wein oder Starkbier nach einem Glas die Zunge lahm.

Mr. Sie-hätten-vor-zehn-Jahren-kommen-Sollen begann das Gespräch mit einer Entschuldigung. „Hoffentlich habe ich Sie nicht mit meiner Bemerkung verärgert. Mir hätte mal jemand diesen Rat geben sollen. Dann wäre ich früher nach Irland zurückgekommen."

„Sind Sie aus Dublin?" Die unvermeidliche Frage. Dieses Mal stellte sie Alex.

„Not exactly." Er sei aus Bray, einer kleinen Stadt am südlichen Stadtrand von Dublin. „Kennen Sie Bray?" Wir hatten im Reiseführer davon gelesen. Er habe vierzehn Jahre in London gelebt und wohne seit ein paar Monaten wieder bei seinen Eltern in Bray.

Dann war er wohl mit achtzehn oder so weggegangen.

„Ich dachte, es sei eine gute Idee, nach Dublin zurückzukommen, aber jetzt bin ich mir nicht mehr so sicher."

Er sah in der Tat nicht besonders glücklich aus.

„Aber warum denn?" Angeblich ging es den Iren doch besser als je zuvor.

„Ich erkenne die Stadt nicht wieder", fuhr der Mann aus Bray fort. Viel habe sich ja zum Guten verändert, aber die Hektik, die Geldgier, die Arbeitswut, das alles habe es früher nicht gegeben. Das erinnere ihn an sein „fucking stressful life in London".

Ein enttäuschter Rückkehrer. Wie würden wir wohl uns fühlen, wenn wir – wann auch immer – nach Deutschland oder Frankreich zurückgingen? Vielleicht war unser neuer Bekannter auch nur ein bisschen melancholisch, weil er schon einiges intus hatte. Die Tatsache, dass sein kurzzeitig klarer, etwas gestelzter Singsang dahinschmolz, ließ diesen Schluss zu.

„Whereyefromatall?"

Schade, vorher hatte ich ihn so gut verstanden. Nachdem wir uns die Frage als „Woher kommt ihr eigentlich?" übersetzt und uns richtig Mühe gegeben hatten, ihm Nürnberg und Straßburg schmackhaft zu machen, ließ er ein paar höfliche Floskeln über Köln fallen („... a great night out ... some nice pubs ...").Wir sprachen über dies und das, besser gesagt: Er sprach, und Alex und ich warfen ab und zu ein paar Worte ein. Ian erzählte von seiner Familie, ging zu den Kollegen in London über, dem neuen Job in Dublin als *Financial* irgendwas, den rasant gestiegenen Preisen, kam zurück auf das Leben in London, reiste kurz gedanklich in die USA, wo er oft gewesen war, und gelangte schließlich wieder an seinem Elternhaus in Bray an, das er, soviel ich verstand, gerade umbaute. Mir schwirrte der Kopf.

„Du verstehst nicht zufällig etwas von Elektrik, do you?", fragte er Alex. Für alle anderen Arbeiten habe er Spezialisten, aber keiner seiner Nachbarn oder Freunde könne Kabel verlegen. Ich hielt das für einen Scherz. Wer würde schon einen Wildfremden fragen, ob er ihm beim Heimwerken hilft? Er musste gespürt haben, dass Alex der Mann dafür war. In Straßburg war Alex am Wochenende oft stundenlang mit seinem Vater auf dessen Dachboden, der ausgebaut werden musste, verschwunden. Ich hatte zwar keine Ahnung, ob er Kabel verlegen konnte, aber falls nicht, würde er es Ian kaum unter die Nase reiben. Natürlich bot Alex sich sofort an, an einem der nächsten Wochenenden in Bray vorbeizukommen. „Ist das dein Ernst?" Ian konnte sein Glück nicht fassen. „Du bist natürlich auch herzlich willkommen", sagte er zu mir. *Great.* Wir wohnten in einer Reihenhaussiedlung in einem Vorort und fuhren an den Wochenenden noch weiter raus, um das Haus eines Mannes umzubauen, den wir seit einer Stunde oder so kannten. Genau so hatte ich mir mein aufregendes Leben in Dublin vorgestellt.

Vielleicht war das Kabelverlegen aber auch nur ein Vorwand. Möglicherweise suchte Ian nach so langer Zeit im Ausland schlichtweg neue Kontakte in Dublin. Wir könnten in Bray seine Familie treffen, lockte er. „Meine Eltern können euch stundenlang Geschichten über Irland erzählen. Culchies love to talk to blow-ins." Er lachte.

Ob *culchies* und *blow-ins* Fremde, Ausländer oder irgendwas Abartiges waren, erschloss sich mir nicht. Vorsichtshalber versicherte ich, dass ich liebend gerne mitkommen würde. Ich könnte mich ja dann in der Küche nützlich machen. „So läuft das doch in Irland, oder? Die Frauen kümmern sich um den Haushalt und die Kinder während sich die Männer wichtigeren Aufgaben wie dem Hausbau, dem Sport und dem Trinken widmen."

Oh dear. Habe ich schon erwähnt, dass mir oft Bemerkungen rausrutschen, die mir gleich darauf leidtun? Ian verzog sein erstauntes Gesicht langsam zu einem schiefen Grinsen.

„Äh, du weißt ja, ich habe keine Ahnung von Irland", versuchte ich mich in Schadensbegrenzung.

„Ah, I'm sure you don't", erwiderte Ian. „Aber in diesem Fall hast du schon Recht. Bring doch dann die Zutaten für Sauerkraut und Würste mit oder was ihr dazu esst. Ich sag meiner Mutter, dass sie nicht kochen muss, wenn ihr zu Besuch kommt. Da freut sie sich sicher noch mehr."

Eins zu null für Ian.

„Well, ich sag euch, was ich tun werde", lenkte Ian ein. „Ich lade euch auf ein Pint ein. Wie klingt das? Seid ihr dabei?" Er zeigte auf unsere leeren Gläser. Es war zwar bestimmt unhöflich und unklug abzulehnen, schließlich hatte Ian uns zu sich nach Hause eingeladen und mir vielleicht sogar meinen Fauxpas verziehen, aber ich war total erledigt. Alex musste am nächsten Morgen früh raus und ich wollte mit der Jobsuche beginnen. Das schien auch Alex' neuer irischer Freund einzusehen. „Das ist okay. Aber wir sehen uns in Bray." Er gab uns einen *handshake* und klopfte Alex zusätzlich auf den Oberarm. Dass wir für weiteren Kontakt unsere Telefonnummern austauschen müssten, daran dachte er nicht. Aber dafür hatten wir ja Alex, der schon ganz heiß aufs Do-it-Yourself à la irlandaise war.

Till war noch nicht zu Hause, als wir in Artane ankamen. Wir hatten das Haus für uns. Es war ganz still, nur die Treppenstufen und die Dielen im ersten Stock knarrten. Ich ging ins Bad und bereitete meine Katzenwäsche vor. Im Waschbecken mischte ich kaltes und warmes Wasser. Versteh jemand, warum Waschbecken in Irland einen Hahn für (theoretisch) heißes Wasser und daneben einen für eiskaltes haben. Vermutlich war es ein Relikt aus der Kolonialzeit, die Engländer hatten ja dasselbe System. Fragt sich nur, warum die Iren sich nicht davon befreiten. Vielleicht hielten sie aus Nostalgiegründen wenigstens an ein paar demütigenden Gewohnheiten fest. Oder die irische Roman Catholic Church hatte ihre Finger im Spiel. Nach ein paar Monaten in Dublin, in denen ständig neue Missbrauchsfälle innerhalb der katholischen Kirche aufgedeckt wurden, hegte ich den Verdacht, dass diese den Import praktischer Wasserhähne verhinderte. Allzu viele Machtmittel blieben ihr in ihrer einstigen Hochburg ja nicht, die Schäfchen gerieten außer Kontrolle. Dieser neue Liberalismus, der jetzt aufkam, der Materialismus und die Tatsache, dass Priester und Nonnen plötzlich keine Heiligen mehr waren ... Irgendwie musste man sich doch zur Wehr setzen! Ein paar Züchtigungen (in diesem Fall Brandblasen) hatten schließlich noch niemandem geschadet. Zum Glück hatte man damit reichlich Erfahrung.

Aber ich würde den Teufel tun und demnächst mit Iren über ihre in meinen Augen rückständige Badkultur sprechen. Meine erste Lektion glaubte ich gelernt zu haben: Die hiesige Kommunikation ist viel komplexer, als es auf den ersten Blick scheint. Man kommt leicht ins Gespräch und unterhält sich gleich, als ob man sich schon jahrelang kenne. Man lädt einander sogar zum Heimwerken ein! Das kann zu Vertraulichkeiten verleiten, mit denen man sich eventuell ganz schön in die Nesseln setzt. Merke: So viel ein Ire auch über sein Land schimpfen mag, lass dich nie dazu hinreißen, dasselbe zu tun. Erstens kann man nicht wissen, ob seine Kritik so ernst gemeint ist, wie sie sich für uns anhört (später merkte ich: oft eher nicht). Und selbst wenn er sie ernst meint und zu seiner und deiner Erheiterung in Selbstironie badet, sollte man als Außenstehender damit vorsichtig sein. Vor allem sollte man die Finger davon lassen, wenn man, wie ich, die Dubliner (Ian nannte sie *Dubs*) nur teilweise verstand und kaum einen korrekten englischen Satz hinbekam. Zumindest mündlich. Schreiben erschien mir um vieles einfacher, aber das nützte mir jetzt auch nichts. *Oh Lord!* (Rief man das hier?) Wie konnte ich mich hier je zu Hause fühlen, wenn ich vielleicht nie die sprachlichen Feinheiten der Leute um mich herum durchschauen, geschweige denn selbst würde anwenden können?

Egal. Jetzt bitte abregen und schlafen. Am Tag darauf wollte ich ein paar Agenturen anrufen, die meine Französisch- und Spanischkenntnisse schätzen könnten. Ich fühlte mich schon viel besser als direkt nach meiner Ankunft. Nie hätte ich damit gerechnet, am zweiten Tag in Dublin zwei Einladungen zu bekommen. Vielleicht war das Zufall, und bestimmt würde es nicht so einfach weitergehen. Aber ich war Paul, Mary und Ian in diesem Moment unendlich dankbar, dass sie mir das Gefühl gegeben hatten, willkommen zu sein.

September – Wissenschaft Busfahren

WUSCH ... Der Bus fuhr an mir vorbei. Wieder einmal hatte ich vergessen, die Hand rauszustrecken, um dem Fahrer anzuzeigen, dass ich mitfahren wollte. Ich stand nur zwei Straßen von unserem Haus entfernt und seit einer halben Stunde im Regen. Um diese Zeit – es war früher Nachmittag – sollte alle zehn Minuten ein Bus in die Innenstadt fahren. Zumindest stand das auf dem Handzettel, der in unserem Flur hing, und auf der Homepage der Betreibergesellschaft *Dublin Bus*. Diese Zeiten galten jedoch nur theoretisch. In Wirklichkeit kamen die Busse irgendwann. Einen Fahrplan gab es wohl auch deswegen nur an wenigen wichtigen Haltepunkten. „Unser" *bus stop* spielte offensichtlich nicht in dieser Liga. Er bestand lediglich aus einem blauen Pfahl mit vier kleinen Schildern, auf denen die Nummern der Linien standen, die hier verkehrten.

Man könnte meinen, das Benutzen öffentlicher Verkehrsmittel sei ja nun wirklich keine Kunst. Auf die LUAS, die neue Dubliner Straßenbahn, und die S-Bahn DART mag das zutreffen. Für das Sorgenkind des Dubliner Nahverkehrs, die fast tausend Busse starke Doppeldecker-Flotte, gab und gibt es jedoch eine Menge Regeln. Allerdings lernt man auch bald, dass selbst, wer alles richtig macht, sich auf nichts verlassen kann. An diesem Septembertag war ich jedenfalls froh, als gleich nach dem Bus, der an mir vorbeigerauscht war, noch einer mit derselben Nummer und der Anzeige *City Centre* und darunter der gälischen Version *An Lár* kam. Dieses Mal streckte ich meinen Arm unübersehbar in die Straße hinein. Der Doppeldecker hielt quietschend vor mir. Noch bevor ich bezahlt hatte, ging die Fahrt rasant weiter. Jetzt hieß es, sich freihändig ausbalancieren, denn Festhalten ist erst mal nicht. Zunächst muss das Fahrgeld genau abgezählt in einen Münzschacht direkt beim Fahrer geworfen werden. Der Fahrer druckt dann einen Papierstreifen als Fahrkarte aus. Wer das Geld nicht passend hat, bekommt den Restbetrag auf der Fahrkarte gutgeschrieben. Damit kann man dann zum Büro von *Dublin Bus* auf der O'Connell Street gehen und sich sein Wechselgeld auszahlen lassen.

Im Untergeschoss staute sich die Feuchtigkeit, also kletterte ich die schmale, gewundene Treppe hoch. Vorne am Panoramafenster behielt man selbst bei Regen den Überblick. Unter uns bot sich die bereits vertraute Untere-Mittelschicht-Szenerie mit *Chinese take-aways* und Pizzerien, ein paar rustikal aussehenden Pubs, B&Bs, Hotels und Wettbüros. Dahinter lagen richtig schäbige Wohnblocks mit hohen Gittern rund um Asphaltwüsten. Die Jugendlichen in den Kapuzenshirts hatte man wohl genauso vergessen wie die Wäsche auf einigen Balkons. Neben einer Brache lag ein Viertel wie aus einer anderen Zeit: Reihen von niedrigen Rotklinkerhäuschen, wie man sie aus englischen Arbeiterfilmen etwa von Ken Loach kennt. Oder auch aus Roddy Doyles Geschichten über das Dublin der kleinen Leute.

Der Bus preschte um die letzten Kurven. Endhaltestelle Eden Quay. Ein paar Fahrgäste hatten das Schild *No standing in the upper saloon* nicht beachtet und fielen fast um, als der Busfahrer eine Vollbremsung hinlegte. Beim Verlassen des Busses dankten die Leute vor mir dem Fahrer. Ich tat es ihnen nach, obwohl mir nicht ganz klar war, wofür. Vielleicht dafür, dass er uns in dieser schwankenden Höllenmaschine heil ans Ziel gebracht hatte. Oder dafür, dass er uns überhaupt hatte einsteigen lassen. Die Dubliner Busfahrer hatten die Macht. Außer einem eigenen Auto und einem Taxi gab es keine Alternative. Fahrradfahren in der Innenstadt galt, bevor es die ersten Fahrradwege gab, als lebensgefährlich. Allerdings waren die meisten Busfahrer sehr hilfsbereit. In der Regel warteten sie, wenn jemand herbeigelaufen kam. Sie ließen einen öfter mal an roten Ampeln ein- und aussteigen und erklärten selbstverständlich, wo man in welchen Bus umsteigen konnte. Kein Wunder, dass die Busse ständig zu spät kamen.

An diesem Tag ging ich schon etwas routinierter die graue Kaimauer entlang. Vor meinem *interview* bei einer der *recruitment agencies*, die ich in den letzten Tagen angerufen hatte, wollte ich ins Café Kylemore, eine Art Schnellrestaurant-Café auf der O'Connell Street. Wie immer waren die Straßen im Zentrum voller Menschen. Auffällig war, dass sie einem in die Augen blickten, auch wenn sie per Stechschritt durch die City eilten. Die O'Connell Street, Dublins Hauptschlagader und eine der breitesten Straßen Europas, ist keine Schönheit. Hier herrscht ein Durcheinander aus Billigläden, Fast-Food-Restaurants, Leuchtreklamen, verfallenen Häusern der 1920er Jahre, wenigen *Georgian town houses*, alteingesessenen Juwelieren und gediegenen Hotels. Bevor große Teile des Boulevards und der umliegenden Straßen ab 1916 im Befreiungskampf gegen die fast tausendjährige englische Besatzung zerstört wurden, war die O'Connell Street eine Flaniermeile gewesen. In den 1960er und 1970er Jahren forderte die Erneuerungswut der Stadtverwaltung weiteren Tribut. Auch seit den Erneuerungsarbeiten vor ein paar Jahren hat sich nicht viel geändert: Der Rest an Schönheit und die geschichtliche Bedeutung der Straße gehen im Ramsch und täglichen Chaos unter. Menschenmassen drücken sich auf viel zu schmalen Bürgersteigen an den Warteschlangen hinter den Bushaltestellen vorbei. Insbesondere wenn Busse halten – fast alle Linien beginnen und enden hier oder in den Seitenstraßen –, bilden sich Staus.

Die Kassiererin im Café lächelte mich an. „Now love, möchten Sie etwas zu Ihrem *scone*? Butter, Marmelade?" Dass ich hier ständig, meist von älteren Leuten, *love, darling* oder *honey* genannt wurde, fand ich zwar reizend, dennoch verkniff ich mir das Extra. Dublin war und ist eine teure Stadt. Fast alles kostet ungefähr ein Drittel mehr als in Deutschland. Ich trug mein Tablett zu einem freien Platz und ging meine Unterlagen noch einmal durch.

In den letzten zwei Tagen hatte ich vier Vorstellungstermine vereinbart. Wenn das keine gute Ausbeute war! Ich konnte es gar nicht fassen, dass man hier so schnell und unbürokratisch ein Vorstellungsgespräch bekam. Zugegeben, die Gespräche waren allesamt für den Kundendienst in Call-Centern; Stellen für Übersetzer waren wohl auch in Dublin dünn gesät. Aber immerhin wäre es ein Anfang, und wer weiß, vielleicht würde ich ja als Call-Center Agent etwas Nützliches lernen. Außerdem gäbe es keine Überstunden und keine Wochenendarbeit, hatte Eileen, die Personalvermittlerin, versprochen.

Anderthalb Wochen nach meiner Ankunft hielt ich meinen Arbeitsvertrag als *Multilingual Customer Service Representative* in der Hand. Er war recht zurückhaltend mit *offer of employment* überschrieben. Unterschrieben war er von Dave, dem *Human Resources Manager* des internationalen Transportunternehmens, bei dem ich in drei Wochen anfangen würde. Dave war Amerikaner und kaum älter als ich. Sein Haarschnitt war sehr korrekt und sein Hemd hellblau-weiß gestreift, als ich ihm beim Vorstellungstermin die Hand gedrückt hatte. Er begrüßte mich überaus freundlich und mein-

te, in der Firma würden sich alle mit dem Vornamen an-
reden. Das sei doch okay, oder? Sicher, Dave, Schätzchen. Er
wollte wissen, warum ich nach Dublin gekommen sei, ob es
mir hier gefiel, wo ich wohnte, und meinte, er sei hier sozu-
sagen auf Spurensuche. „Mein Vater kommt aus der Nähe
von Galway. Kennst du Galway?" Ja, sicher, die Gegend um
Galway war ja meine irische Lieblingsgegend! Er selbst versuche nun seit einem Jahr Gälisch zu lernen, leider ohne
großen Erfolg. Dave hatte anscheinend alle Zeit der Welt.
Irgendwann sprach er dann doch noch über die Arbeit. Er
erklärte mir, dass sie zunächst jemanden für Anrufe aus
dem deutsch- und englischsprachigen Raum bräuchten. Ich
würde Bestellungen annehmen, allgemeine Kundenanfragen,
Nachfragen nach Sendungen, die verspätet oder verschollen
waren, und Beschwerden bearbeiten. Dabei helfe es, wenn
man nicht allzu dünnhäutig sei. Nach ein paar Standardfra-
gen die Frage aller Fragen: „Warum willst du als Call Centre
Agent arbeiten?" Zum Glück hatte ich mir schon vor dem
Gespräch mit Eileen eine Geschichte zurechtgelegt. Meine
Liebe zum Telefonieren nahm mir Dave wohl noch ab. Ob
er mir meinen unstillbaren Drang, die Probleme anderer
zu lösen, glaubte, sah ich ihm nicht an. Nachdem er mir
versichert hatte, sie würden sehr gerne mit Deutschen
zusammenarbeiten – die seien so zuverlässig –, führte Dave
mich durch eine L-förmige Halle, in der bestimmt hundert-
fünfzig Leute über Kopfhörer telefonierten, meinte, Eileen
würde mir Bescheid geben, und entließ mich in die Einöde
Tallaghts.

Tallaght war ein seltsamer Ort. Auf mich wirkte der Stadtteil, der bis in die 1960er Jahre hinein ein Dorf weit außerhalb von Dublins Stadtgrenzen gewesen war, wie eine grüne
Mondlandschaft, an der sich der Mensch vergangen hatte.

Einerseits war die umwerfende Natur hier draußen zum Greifen nah und immer präsent: Tallaght lag am Rande der Wicklow Mountains, Dublins Hausgebirge. In dem schier endlosen, stark zerklüfteten Stadtteil gingen die Bewohner vor Wind und Regen ungeschützt auf riesigen, oft hügeligen Rasenflächen von einer Siedlung aus den 1970er oder 1980er Jahren zur nächsten. Später sah ich auf Besuch bei Kollegen, die sich hier ein Haus teilten, dass es in Tallaght durchaus auch angenehme Wohnviertel gibt, wo die Gärten und Häuser liebevoller gestaltet und gepflegt waren, als ich es in Artane, Killester, Clontarf und anderen Vierteln nicht nur der *northside* gesehen hatte. An diesem Tag war ich jedoch höchst befremdet von den krassen Gegensätzen. Insbesondere in und um den Ortskern, das *village*, wirkte alles chaotisch zusammengewürfelt. Gleich hinter den wenigen alten, ganz putzigen Gebäuden lagen kleinere Gewerbegebiete und Forschungseinrichtungen. Alle paar Meter ein Bauprojekt, das von der Europäischen Union finanziert oder teilfinanziert wurde. Hinter *The Square* – wie ich später erfuhr: eines der größten Einkaufszentren Irlands – lag der Busbahnhof. Beim Warten auf den Bus starrte ich auf glitzernde Bausünden: Riesige Bürokomplexe verdeckten den Blick auf die grün-braunen Hügel der Wicklows fast vollständig.

Immer wieder schlugen Zweige gegen den oberen Teil des Doppeldeckers. Auf halber Strecke zurück in die Innenstadt kamen wir an Straßen mit großen, verwinkelten Stadthäusern mit Erkern vorbei. Man konnte sich vorstellen, wie vornehm diese Häuser einst im armen, feuchten, engen und schmutzigen Dublin waren. Heute gehören diese *town houses* wieder zu den begehrtesten Wohnhäusern, vorausgesetzt, sie sind top-renoviert.

Zu Hause machte ich mir einen Tee – ich trank ihn jetzt wie die Iren mit Milch – und kuschelte mich mit einer Wolldecke aufs Sofa. Obwohl es laut Thermometer gar nicht so kalt war, fror ich in Dublin fast immer. Vielleicht könnte Alex nachher den Kamin anwerfen. Im Reiseführer las ich, Tallaght sei eine der ältesten Siedlungen und im Mittelalter eines der wichtigsten geistlichen Zentren der Insel gewesen. Wer hätte das gedacht? Dennoch bestand Tallaght lange nur aus dem *village*, das mindestens aus dem 17. Jahrhundert stammte, und ein paar isolierten, ländlichen Gebieten. In den 1970er Jahren wurde das Dorf zu einer der *New Towns*, die damals im schnell wachsenden Dubliner Großraum entstanden. Wie in so vielen Vorstädten Europas vergaß man, für soziale und kulturelle Einrichtungen zu sorgen. So wurde Tallaght zum Synonym für städtebauliche Fehlplanung. Ende der 1980er Jahre wurde der Ort eingemeindet und erhielt die Postleitzahl Dublin 24. Hätte Tallaght das Stadtrecht, wäre der Dubliner Stadtteil mit seinen rund 65 000 Einwohnern heute die fünftgrößte Stadt der Republik.

Als ich ein paar Tage später die Zusage für den Job erhielt und Alex davon erzählte, reagierte er nicht wie erwartet. „Ich freue mich für dich, weil du dich freust. Aber ich weiß nicht, ob das der richtige Job für dich ist", meinte er. Das wusste ich natürlich auch nicht. Was war nur mit Alex los? In Straßburg hatte er mehr Begeisterung aufgebracht. Er wirkte müde. Kein Wunder, er war ein Nachtmensch, musste aber jeden Tag um halb sieben aufstehen. Wenn er nach Hause kam, war bei ihm oft erst mal völlig die Luft raus. Wenn wir nicht in die Stadt fuhren oder in der Gegend spazieren gingen, bekam er oft noch mal gegen neun einen Energieschub und zog sich zum Werkeln und Musikhören in unsere „Kammer" zurück. In Ermangelung eines Dachbodens und Kellers – offenbar war der Dubliner Grund an den meisten Stellen zu sumpfig für Keller – hatten wir unser kleines Zimmer zu unserem „Werk- und Zeichenraum" ernannt. Ich saß auch oft abends in der Küche, um einigermaßen ungestört mit meiner Familie und Freunden in Deutschland telefonieren zu können. Till verbrachte die Abende meist vor dem Fernseher. Es schien ihm nichts auszumachen, die tausendste Folge von *Friends* oder die hundertste Wiederholung von *Columbo* zu sehen.

An einem frühen Samstagabend tauchten wir in die 1960er Jahre ab. Der Film war extrem, grausam, real und surreal und dabei furchtbar lustig. Eine Kindheit in der irischen Provinz aus der Sicht eines gewitzten, rotzfrechen Jungen, eines *troublemakers*, der sein Außenseiterdasein nur mit reichlich Sarkasmus und Fantasie erträgt. Menschen mit Schweinsköpfen, Tierkadaver, ein Blutbad. Das alte Irland war wieder da: Armut, Suff, Gewalt, Bigotterie, Missbrauch durch Priester, Verwahrungsanstalten. Dazu die damals in Irland weit verbreitete Angst vor einem Atomkrieg; und Superman, Zorro und Außerirdische, die Rettung von oben verhießen. In Francies Kopf mischten sich Angst, Hass, Glück, Wahn zu einer explosiven Mischung. Die Liebe des gewalttätigen, alkoholabhängigen Vaters, Francies Beschützerinstinkt gegenüber der nervenkranken Mutter, die Schläge, die der Junge einsteckt und austeilt. Irgendwann mutiert er, inzwischen Metzgergeselle, zum Schlächter. Ich war erfüllt von Ekel, Mitleid, Sympathie und Hilflosigkeit, was die Figuren anging, und voller Bewunderung für dieses schwarze Meisterwerk, halb Komödie, halb Schocker, mit seinen grotesken, verrückten Szenen, dem morbiden Humor und den kindlichen Glücksmomenten. Wegen des Dialekts hatten Alex und ich nicht alles verstanden, aber das war nicht schlimm. Neil Jordans „The Butcher Boy" war auch so überwältigend.

Samstagabend-Verkehr, die Stadt platzte aus allen Nähten. Bilder wie das von Sinéad O'Connor als Jungfrau Maria, die über einem Feld voller arbeitender Heimkinder und antreibender Priester schwebt und mit Francie Zwiesprache hält, begleiteten uns nach draußen. Die melancholischen Klänge des *traditionals* am Ende des Films verhallten jedoch bald. Zu durchdringend war das Hupkonzert vorm Kino. Alex und ich ließen uns mit der Menge über die Kreuzung treiben. Die Ampel war rot, aber wen scherte das schon? Die Iren nahmen Ampeln nur an besonders brenzligen Kurven oder mehrspurigen Straßen wahr – und die vielen Ausländer in der Stadt machten es ihnen nach. Man vertraute seinen Augen und den Bremsbelägen der heranrasenden Autos. Sollten die nur hupen. Sie hätten ja wissen müssen, dass man am Samstagabend im *city centre* nur im Schritttempo vorankam. An anderen Abenden war das oft auch nicht anders, tagsüber sowieso nicht. Wenn die höchstens zweispurigen Straßen nicht von Bussen, Pkws und Lieferwagen verstopft wurden, taten die Fußgänger ihr Bestes. An den Ausgeh-Abenden Donnerstag, Freitag, Samstag und Sonntag war das Stadtzentrum in ihrer Hand.

Natürlich barg das Bei-Rot-über-die-Ampel-Gehen ein gewisses Risiko, insbesondere wenn man keinen Linksverkehr gewohnt war. Zum Glück war nicht nur in der Innenstadt an vielen Fußgänger-Übergängen *LOOK LEFT* oder *LOOK RIGHT* mit weißer Farbe auf den Asphalt gepinselt. Das hatte mir schon manches Mal das Leben gerettet. Ich hatte keine Ahnung, wie lange es dauern würde, bis ich immer noch zuerst nach links sah, während von rechts ein Auto heranraste – oder umgekehrt. Die Verkehrsführung an größeren Kreuzungen blieb mir vorerst auch ein Rätsel.

Das Dubliner Zentrum war viel zu klein für die 1,2 Millionen Einwohner und die zusätzliche halbe Million der

Greater Dublin areas von denen sich nicht wenige am Wochenende amüsieren wollten. Die Clubs, Kneipen, Restaurants, Kinos, Theater – alles war proppenvoll. Das konnte stressig sein, vor allem aber war es sehr unterhaltsam. Man redete miteinander, oft auch mit Unbekannten. Kurze, unverbindliche Bemerkungen nur, zum Beispiel an der Bushaltestelle oder an der Ampel. Wenn dann das langsame Klopfen bei Rot dem antreibenden, pulsierenden Geräusch bei Grün wich, ging man meist lächelnd auseinander. Oder man tauschte sich im Kaufhaus kurz über den Song aus, der aus den Lautsprechern schallte und den nicht nur Frauen gerne mitträllerten. Und es gab immer etwas zu sehen. Auch bei schlechtem Wetter auf der Straße. Ich konnte nicht genug über das abenteuerliche Outfit der Dublinerinnen staunen. Wie konnte man an so einem kühlen Abend in knappen Tops (wohlgemerkt ohne Jacke), in kurzen Röcken und in hochhackigen Sandaletten ohne Strümpfe unterwegs sein? Und keine der Ladys zitterte oder hatte blaue Lippen! In ihren winzigen Täschchen konnte höchstens ein hauchdünnes Jäckchen sein, das sie wohl nur kurz vorm Kältetod rausziehen würden. Auch die jungen Männer liefen abends oft nur im durchscheinenden weißen Hemd durch die Gegend.

Alex und ich waren wegen des Konzerts, zu dem wir noch wollten, an diesem Abend auch eher luftig angezogen – und froren wie die Schneider! Unser Weg nach Süden in die Wexfod Street führte uns durch schmale Straßen, vorbei an der Hauptstelle des *Tourist Office*, die in einer gedrungenen Kirche im neugotischen Stil untergebracht war. Der graue Stein, der bei den alten Gebäuden in ganz Dublin vorherrschte, sah wie Granit aus. Auf den Straßenschildern stand der Name in den zwei Amtssprachen – erst klein auf Gälisch, darunter größer auf Englisch. Außer einigen Vornamen, von denen ich nicht wusste, wie sie geschrieben wurden, hatte ich in Dublin noch kein Gälisch gehört.

Um halb neun wollten wir Till und Frédéric, Alex' Kumpel aus Straßburg, im *Whelan's* treffen, einem Pub mit Kleinkunstbühne. Ein bisschen Zeit war noch, also schlenderten wir in Richtung Süden. Wir kamen an hohen, rotbraunen Häusern vorbei, die mich mit ihren spitzen, vielen kleinen Giebeln an Backsteingotik erinnerten, und trafen auf Marktarkaden, in die man um diese Zeit nur durch ein hohes, verziertes Eisengitter hineinlugen konnte. Nachdem wir in einer eher gediegenen Straße an ein paar Sex- und Spiele-Shops im Souterrain vorbeigegangen waren, stießen wir auf die kahle Rückseite des an der Vorderseite pompös verzierten Stephen's Green Shopping Centres. Dahinter lag eine der Straßen, wie sie auch in der Innenstadt immer wieder plötzlich auftauchten: Wohnblöcke, dieses Mal in grau-weiß, mit Galerien und dem typischen körnigen Putz. Die funzeligen Straßenlaternen spendeten kaum Licht, und fast niemand war auf der Straße. An den Außenwänden der Häuser liefen Kabel entlang und Stromleitungen zogen sich quer über die Straße.

Das *Whelan's* hatte abgenutzte Dielen, die Trennwände, Bar, Tische und Stühle waren aus dunklem Holz. Das Licht war gemütlich gedämpft, fast wie bei Kerzenlicht zu Hause. Nicht umsonst nannten die Iren ihre *public houses* ihr zweites Wohnzimmer. Frédéric hatte Plätze an einem Tisch direkt vor der Bühne besetzt. Alex und ich holten *Smithwicks* und *Budweiser* für die Jungs und für mich ein *Guinness*. An diesem Ort war mein erstes *stout* fällig.

Wie so oft, war die Atmosphäre im Pub freudig aufgeladen. Ich spürte es jedes Mal, wenn ich abends eine irische Kneipe betrat, besonders am Wochenende, wenn fast kein Durchkommen war und man zwangsläufig mit den Leuten ins Gespräch kam. Ein Hauch dieser Energie war auch in *Irish pubs* in Deutschland zu spüren. Hier war die Stimmung allerdings noch viel enthemmter, lustiger, was sicher auch am heftigeren Alkoholkonsum lag. An der Bar hingen schon ein paar Bierleichen herum. Eine von ihnen machte mir mit einem schummrigen Lächeln Platz. Ein dunkler Typ neben mir schenkte mir seine ganze Aufmerksamkeit, als gäbe es nur uns auf der Welt. Hatte er vergessen, dass er bestellen wollte? *Jesus*, diese Intensität war umwerfend! Leider verstand ich nicht gerade viel von dem, was er schnurrte, und kam mir in meinen Flirtmöglichkeiten ziemlich eingeschränkt vor. Wo war eigentlich der Barkeeper, und wo war Alex? Mein Freund stand weit abgeschlagen hinter mir und gestikulierte in meine Richtung. Tja, als Frau hatte man an der Bar eindeutig Vorteile. Die irischen Männer ließen Frauen oft gentlemanlike den Vortritt.

Ich bestellte für uns vier, zahlte und ließ zwei Gläser an Alex weiterreichen. Schade, dass ich den *brown-eyed boy* – meinen Tresennachbarn, meine ich – schon wieder verlassen musste. Ich strahlte ihn an, flötete irgendetwas und hoffte, dass Alex alles genau mitbekam. Vielleicht würde ihn das ein bisschen wachrütteln.

Auf der Bühne wurden Eric Bibb und Band angekündigt. Ich hatte noch nie von einem Singer-Songwriter dieses Namens gehört. Alex und Frédo hatten das Konzert ausgesucht, Till und ich waren vertrauensvoll gefolgt. Ich sollte es nicht bereuen. Es wurde ein großartiger Abend, nicht nur wegen der geradezu unheimlich positiven Ausstrahlung, die dieser New Yorker aus Stockholm auf der Bühne hatte. Und nicht nur wegen der leisen, hoffnungsfrohen Songs, einer ungewöhnlichen Mischung aus Blues, Folk und Gospel, und der samtweichen Stimme, die im *Whelan's*, genau dem richtigen Ort für so ein intimes Konzert, eine die Welt umarmende

Stimmung aufkommen ließen. Diese Nacht war irgendwie magisch. Vielleicht lag es an den Zutaten, die sich in dieser Kombination so anregend verrückt anfühlten. Schaurige Szenen aus dem Film, den wir gerade gesehen hatten, flackerten in einer Atmosphäre auf, die randvoll mit zwischenmenschlicher Wärme war. Wohliger Südstaaten-Schmelz aus der großen weiten Welt verschmolz mit der glockenhellen Stimme und den irischen Klängen von Sinéad O'Connor zu etwas befremdlich Schönem. Den Rest erledigte der Alkohol.

Alex glühte und sah einfach *gorgeous* aus. Ich bereute plötzlich, dass ich – eigentlich seit ich hier war – nicht selten wütend und enttäuscht gewesen war, weil er irgendwie nicht der Alex war, den ich in Straßburg gekannt hatte. War es nur die Müdigkeit oder hatte er sich in so kurzer Zeit verändert? Wo waren sein Alles-wird-gut-Denken und seine Begeisterungsfähigkeit geblieben? Zum Glück kamen sie noch manchmal zum Vorschein, wie in diesem Moment. Es war aber auch fast unmöglich, nicht hingerissen zu sein vom irischen Gemeinschaftsrausch, der am vollendetsten im Pub erlebbar ist. Wer wollte sich nicht wenigstens einen Abend lang der Illusion hingeben, Teil einer entspannten, glücklichen Gemeinschaft zu sein, in der jeder ein Star werden kann, ohne zu vergessen, woher er kommt? Ich fand die Dubliner extrem cool, nicht weil sie Trends setzten, sondern weil sie sich nicht darum scherten – zumindest dachte ich das damals. Und ich bewunderte und liebte etwas, das ich derart geballt noch nirgends erlebt hatte: die Fähigkeit, das Hier und Jetzt zu genießen und sich anderen so intensiv zuzuwenden, dass ihr Gegenüber gar nicht anders kann, als sich als etwas ganz Besonderes zu fühlen.

Wie wir in dieser Nacht nach Hause kamen, weiß ich nicht mehr. Vermutlich liefen wir, nachdem wir bis drei Uhr morgens getanzt hatten, in Richtung Innenstadt vorbei an Menschentrauben, die sich vor den Clubs gebildet hatten und beratschlagten, wo sie jetzt noch was zu trinken oder zu essen herbekämen oder in wessen Wohnung sie weiterfeiern könnten. Um halb drei war in allen Clubs Schluss, spätestens um drei musste der Laden leer sein, da gab es kein Pardon. Danach verlagerte sich der Feier-Irrsinn auf die Straße, wobei es trotz des hohen Alkoholpegels selten aggressiv zuging. Wer nach Hause wollte, kam nicht nach Hause, weil vor allem in den Nächten zum Samstag und Sonntag zwischen zwei und vier Uhr früh Tausende gleichzeitig auf die Straßen strömten und kein Taxi zu bekommen war. Also stöckelte beziehungsweise schleppte sich, wer nicht allzu weit außerhalb wohnte, zu Fuß in Richtung Bett. Oder man überbrückte die Zeit in einem anderen Bett oder in einem asiatischen *take-away*. Einige Imbisse von Indern und Chinesen waren bis in die Morgenstunden geöffnet. Alternativ konnte man auf den Nachtbus setzen. Meist lohnte sich das Warten sogar, denn im Vergleich zu den Bussen tagsüber war der *Nitelink* geradezu pünktlich.

Oktober – Multikulti und real Dublin

NAMENSSCHILDER SIND SCHON EINE SUPER SACHE. Besonders, wenn man auf Menschen trifft, die Grainne, Ciaran oder Siobhan heißen. Ähnlich gefordert waren die meisten Iren mit Namen wie Arantxa oder Jeannette. Johnny, Sarah oder Thomas zählten zu den einfacheren Fällen in unserer Runde. Wobei der Katalane Carles den Deutschen Thomas Tomás nannte und die Iren erst wussten, dass die zarte Sarah nicht Saragh geschrieben wurde, als sie den Mund aufmachte. Von ihrem englischen Akzent abgesehen: So leise und piepsig sprach keine Irin.

Bei der Vorstellungsrunde hätten wir uns eigentlich als offene, dynamische Kollegen präsentieren sollen. Die meisten von uns brachten jedoch um sieben Uhr morgens kaum ein Wort heraus. Zum Glück sprach Grainne (gesprochen: Gron-je) die meiste Zeit. Sie würde uns in den nächsten drei Wochen in die Arbeit einweisen und wäre darüber hinaus Ansprechpartnerin für Fragen rund um das Leben in Dublin.

Ich kam mir ein bisschen vor wie in der Schule. Allerdings war die Lehrerin jünger als ich. Grainne führte uns in die Geheimnisse der irischen Namensgebung ein. Etwas Alltagskultur für den Anfang. Wie so oft in den letzten Wochen entpuppte sich auch dieses Thema als komplexer, als ich vermutet hätte. Die vier, fünf Iren unter uns dösten weiter vor sich hin. Einer hing derart in seinem Stuhl, dass ich dachte, er würde sicher nicht lange bleiben. Wir Irland-Frischlinge staunten dagegen nicht schlecht über unaussprechliche Namensgebilde. Grainne erklärte, die alten irischen Namen würden höchstens noch rudimentär in der *Gaeltacht*, den überwiegend gälischsprachigen Regionen im Westen Irlands, und auch dort nicht offiziell verwendet; aber Reste davon fänden sich in heute gängigen Namen wie zum Beispiel Patrick O'-Sullivan. Sie schrieb die irische Version an die Tafel, ich meine ans Flipchart: Pádraig Óg Ó Súilleabháin. Die irischen Namen zeigten Verwandtschaftsgrade an. Das „Óg" bedeutete „Junior", die Vorsilbe „Ó" „Enkel von" und „Mac", eine andere häufige Vorsilbe für Nachnamen, „Sohn von". Die weiblichen Entsprechungen waren „Ní" und „Nic", wobei die irische Präsidentin Mary McAleese auf Irisch Máire Mhic Ghiolla Íosa hieß, weil nach der Heirat „Mac" mit „Nic" zu „Mhic" („Tochter des Sohns von") verschmolz. Alles klar?

Einfacher wurde es, als Grainne – übrigens die irische Version von Grace und richtig gälisch Gráinne geschrieben – auf die Vornamen zu sprechen kam. „Als ich ein Kind war, gab es in unserer Nachbarschaft drei Cousins, die alle Daniel O'Brien hießen", erzählte sie. „Die drei bekamen natürlich Spitznamen: Der älteste wurde meist nur ‚Dan' oder ‚Dan John' (nach seinem zweiten Vornamen) gerufen, der zweite ‚Danny' und der dritte wegen seiner roten Haare ‚Redser' oder ‚Ginger'." Dass die drei genau denselben Namen trugen, sei gar nicht so ungewöhnlich gewesen. Möglich wurde es dadurch, dass die Väter Brüder waren und ihre Kinder nach traditionellem Muster benannten. Danach trug der erste Sohn den Namen des Großvaters väterlicherseits, der zweite Sohn den des Großvaters mütterlicherseits und der dritte Sohn den des Vaters. Die ersten drei Töchter hießen entsprechend nach den Frauen der Familie. Bei allen weiteren Kindern konnten die Eltern frei wählen.

Allerdings würden sich immer weniger Iren an diese Regelung halten, so Grainne. „Heute ist fast alles möglich: alte irische Namen, englische Namen und irische Versionen von anglisierten Wikinger- oder Normannen-Namen wie Seán, das vom französischen Jean abstammt." Ich überlegte, wie wohl die irische Form von Jeannette lauten würde. Die weibliche Form von Seán und dann noch verkleinert ... Allerdings schien keine akute Gefahr zu bestehen, dass zukünftig kleine Iren unter irischen Formen kontinentaleuropäischer Namen zu leiden haben würden: Der Einfachheit halber nannten mich die meisten Iren Janet.

Von außen betrachtet waren wir wohl eine seltsame Gruppe: Klein-Europa in einem Staat mit der bis vor kurzem homogensten Bevölkerungsstruktur Europas. Neu-Dubliner zwischen 18 und 35 mit völlig unterschiedlichem Hintergrund. Simone aus Karlsruhe hatte BWL mit dem Schwerpunkt Marketing studiert, unzählige Praktika hinter sich und trotzdem in Deutschland keine Stelle gefunden. Grainne konnte das gar nicht glauben. In Irland würden händeringend Marketingspezialisten gesucht. Simones Englisch war jedoch nicht besonders gut und sie wirkte nicht selbstsicher. Sie sagte, sie sei auch in Dublin, um ihre Sprachkenntnisse zu verbessern.

Estefanía war 18, hatte gerade das Abi gemacht und war verliebt in einen Iren. Sie hatte ihn im Sommer in Saragossa kennengelernt. Kürzlich habe er ihr erzählt, dass in seiner WG ein Zimmer frei würde. „Ich habe gleich meine Sachen gepackt und hier bin ich." Ihr Ton hatte etwas Überdrehtes. Estefa war blass, sehr dünn und hippelig. Ich fragte mich, ob sie gesund war. Jedenfalls war sie wild entschlossen, ihr Leben in Dublin zu genießen.

Neben mir saß Olli aus Dortmund. Er war mir auf den ersten Blick sympathisch. Olli war vor seinem Schicksal als Chef eines mittelständischen Unternehmens geflohen. Sein Vater habe ihn nach seiner Lehre zum Industriekaufmann als seinen Nachfolger eingeplant, erzählte er. Nur unter Zähneknirschen habe er ihm jetzt einen Aufschub gegönnt. „Ich kann mich doch mit 23 nicht einmauern lassen", entrüstete sich sein Sohn in sehr gutem Englisch. Er habe jedenfalls nicht vor, bald zurückzukehren. Vielleicht wolle er auch hier studieren. „Wer weiß."

Ich wusste schon bald nicht, wie ich ohne Olli das *Training* durchgestanden hätte. Grainne tat ihr Bestes, um uns in den nächsten Wochen die Firmenstruktur, die Dienstleistungen, die das Unternehmen anbot, die Versandarten, das *tracking* (das Abrufen des Versandstatus von Briefen, Paketen und größeren Sendungen am Computer) nahezubringen. Nichtsdestotrotz starb ich fast vor Langeweile. Zum Glück waren Olli und ich auf einer Wellenlänge. Während Grainne sich vorne abrackerte, schrieben wir uns Briefchen, auf denen wir Dialoge entwickelten, die uns bei Laune hielten.

In unserer einstündigen Mittagspause holten wir uns meist ein abgepacktes Sandwich – dreieckig zugeschnittene Toastbrotscheiben mit diversem Belag in reichlich Majonäse oder Salatsoße getränkt – oder eine *roll*, ein nach Wunsch belegtes Stück Baguette. Alternativ gab es einen *fish & chips*-Imbiss in der Nähe, einen südländisch aussehenden Burger-Mann, der auch Döner verkaufte, und Filialen bekannter Schnellrestaurantketten. Alex ernährte sich nicht anders. Zudem hatte er eine Vorliebe für irische Schokoriegel entwickelt. Für die Abende musste also ein Gegenprogramm her: viel Grünzeug, leichte Kost. Daran hielten wir uns, eine Weile. Bis es auch in Dublin zu kalt für Salat wurde.

Noch hatten wir ein paar klare und milde Herbsttage. Der Wind wehte zwar oft scharf, aber die Sonne wärmte. Maeve und Julie, die beiden Irinnen in unserer Ausbildungsgruppe, fanden jeden Tag „lovely". Ansonsten waren sie selten einer Meinung und von fast entgegengesetztem Temperament. Maeve schien mit sich und ihrer Umgebung völlig im Einklang. Sie wohnte mit 26 noch bei ihren Eltern und fand das völlig normal. Julie war mitreißend verrückt: ruhelos, ein Energiebündel, ständig auf neue Erfahrungen aus. Sie war mit 16 von zu Hause ausgezogen, hatte in Liverpool Sprachen studiert, ein paar Jahre an Sprachinstituten unterrichtet und war vor kurzem wegen ihres Freundes nach Dublin gekommen. Julie stammte aus Belfast und sprach ein viel härteres Englisch als Maeve oder Grainne, die in Dublin aufgewachsen waren.

Es stellte sich heraus, dass Maeves Elternhaus nur ein paar Straßen von unserem Haus entfernt lag. Wir hatten unser Prachtstück nach dem einprägsamsten Ausruf, den wir in Dublin gehört hatten, „Villa Jaysus" getauft. Ähnlich unauffällige Häuser in unserer Nachbarschaft trugen herrschaftlichere Namen wie Rosemount, Tara, Aishling House oder Villa Maria. So ein Name war auch nützlich, weil nicht alle Häuser Hausnummern hatten. Wir fanden, unser Haus brauchte ebenfalls eine persönliche Note, aber eine mit etwas mehr Charakter. Ein verziertes Namensschildchen an der Fassade würde unsere Nachbarin Mary beisteuern. Das hatte sie mir kürzlich, ich denke mal halb im Scherz, beim *small talk over the fence* versprochen. Überraschenderweise fand Till den Namen auch gut. Murielle, eine schöne *make-up-artist*-Anwärterin aus Bordeaux, die das vierte Zimmer im Haus gemietet hatte, konnten wir nicht fragen, weil wir sie so gut wie nie sahen. Sie kam nur bei uns vorbei, um Nachschub aus ihren Schminkutensilien- und Klamottenbergen zu holen.

Nun war ich diejenige, die abends in den Seilen hing. Um sieben Uhr morgens am anderen Ende der Stadt anzufangen bedeutete, um fünf aufzustehen und um sechs aus dem Haus zu gehen – und das auch nur, weil Maeve mich mit dem Auto mitnahm. Viel Zeit sparten wir damit nicht, aber wenigstens musste man nicht noch in der Stadt umsteigen. Morgens war es oft neblig und das Auto war eiskalt. Anfangs dachte ich, es sei unhöflich, wenn ich mich nicht mit Maeve unterhielt. Bis ich merkte, dass sie morgens auch nicht zum Reden aufgelegt war. Wenn wir nachmittags zusammen nach Hause fuhren, was nicht allzu oft vorkam, weil mindestens eine von uns noch was vorhatte, erfuhr ich manchmal etwas über ihre Eltern, ihre Brüder oder über ihr Aufbaustudium. Maeve ging dreimal pro Woche nach der Arbeit an die Uni. Sie hatte irgendwas mit *engineering* studiert, zwei Jahre gearbeitet und sagte, sie bräuchte ein weiteres Diplom, um einen anspruchsvolleren *Engineering*-Job machen zu können. Auf ihrer letzten Stelle sei das wegen der vielen Überstunden nicht drin gewesen. Der Job im Call-Center ermöglichte es ihr.

Daneben blieb Maeve kaum Zeit für andere Dinge. Sie ging fast nie aus, zumindest erwähnte sie nur ein Mal, dass sie am Samstagabend mit Schulfreunden unterwegs gewesen war. Die Arbeit, das Studium und ihre Familie, das war ihr Leben. Und sie schien zufrieden und glücklich. Einmal fragte ich sie, ob sie gerne ausziehen würde. Alleine wohnen war in Dublin ja fast unbezahlbar, aber vielleicht in einer WG? Sie sah mich mit einem seltsamen Blick an. „Nein. Warum sollte ich Miete zahlen, wenn ich zu Hause umsonst wohnen kann?" Ich hob langsam die Schultern. Um sich von den Eltern abzunabeln? Um auszuprobieren, wie sie leben wollte? Das alles war für sie kein Thema. Stattdessen sparte sie für ein Haus oder wenigstens eine eigene Wohnung. Bei den Dubliner Immobilienpreisen könne es aber noch ein paar Jahre dauern, bis sie sich eine *mortgage* leisten könne, sagte sie. Das war das erste Mal, dass ich in Dublin das allgegenwärtige Wort „*mortgage*" (Hypothek) hörte.

In der Firma ging es nun langsam zur Sache. Grainne hatte jedem ein *employee handbook* übergeben und übte nun mit uns anhand eines Skripts das richtige Verhalten Kunden gegenüber. Wie begann man ein Gespräch, wie lenkte man es? Wie beschwichtigte man, wenn der Kunde ungeduldig wurde oder schon von vorneherein erbost war, weil ein Paket nicht oder zu spät angekommen war? Wann holte man sich seinen *teamleader* oder *supervisor* zur Hilfe? Wir übten trocken, wurden anhand der Sprachen, die wir fließend sprachen, einem Team zugeteilt, setzten uns unten in der Halle neben erfahrene Kollegen und hörten ihnen ein paar Tage lang zu. Es folgten einige Testgespräche mit meiner Teamleiterin Andrea. Sie gab mir Tipps, mein Herz klopfte. Dann war mein erster Anrufer in der Leitung.

Was genau er oder sie wollte, weiß ich nicht mehr. Wahrscheinlich war es ein leichter Fall, eine Sekretärin vielleicht, die eine innerdeutsche Express-Sendung abholen lassen wollte, oder jemand, der ein Paket mit unserem Schneckentarif versandte, weil es ihm vor allem darum ging, dass es sicher ankam. Geschäftskunden waren eindeutig angenehmer als Privatleute, die am Telefon nicht selten Wut, Frust oder sonstigen Aggressionen freien Lauf ließen. Zum Glück gab es für die ganz harten Fälle, die sich nicht abwimmeln ließen und die, obwohl man ihre Beschwerde aufgenommen hatte, weiter nervten, Andrea. Persönlich war sie zwar nicht mein Fall – ziemlich verbissen und immer darauf bedacht, dass wir möglichst viele Anrufe annahmen, uns zwischendurch nicht zu oft und lange ausloggten und die Pausen nicht überzogen –, aber Kunden besänftigen konnte sie.

Als sich meine anfängliche Nervosität gelegt hatte und ich souverän zwischen den Computerprogrammen und Telefontasten hin- und herswitchte, und vor allem, nachdem Andrea immer seltener nach einem Anruf zu mir kam, um mich zu verbessern – sie konnte unsere Gespräche jederzeit mithören –, kam mir der Job an sich *easy* vor. Vor allem war ich froh, dass ich nicht den ganzen Tag Englisch sprechen musste, weil mich das auf Dauer immer noch anstrengte. Wäre nur das frühe Aufstehen nicht gewesen! Ich begann zwar jetzt „erst" um *8.15 am*, dafür konnte ich nicht mehr mit Maeve fahren, weil sie lieber um *7 am* anfing. Kein dramatisches „the traffic was mad" von Maeve mehr, wenn wir zu spät kamen und Andrea gerade zu einem Vortrag ansetzen wollte. Dafür konnte ich jetzt wieder alles auf verspätete Busse schieben, was ich nicht allzu oft tat, weil ich mich, wie es sich für eine zuverlässige Deutsche gehört, meist rechtzeitig in der Firma einfand.

Nach der Arbeit trafen Alex und ich uns oft am GPO. Die Hauptpost auf der O'Connell Street war ein geschichtsträchtiger Ort. Beim Osteraufstand 1916 diente sie als Hauptquartier der irischen Rebellen. Von hier aus riefen Thomas Clarke, Patrick (Pádraig) Pearse, James Connolly und die anderen vier Anführer „im Namen Gottes und der toten Generationen" die Irische Republik aus. Während der fünf Tage dauernden Kämpfe gegen die regierungstreuen Truppen brannte das Gebäude aus, fast die ganze Lower O'Connell Street lag in Schutt und Asche. Obwohl der Aufstand scheiterte, gilt er heute als wichtigster Schritt zur Unabhängigkeit des Südteils der Insel. Noch heute ist das GPO ein Versammlungsort für Demonstranten. Ein paar Tage vor diesem Oktober-Abend hatten zwei Hände voll Abtreibungsgegner Transparente mit Fotos von abgetriebenen Föten hochgehalten und noch weniger Gegendemonstranten markige Parolen entgegengeschleudert. Die meisten Passanten beeilten sich, dass sie davonkamen.

Das GPO ist ein beeindruckendes Gebäude, besonders von innen. Ich mochte das Flair der *good old days*, das es verströmte. Die dunklen, alten Holztresen und Vertäfelungen kontrastierten mit den weißen, hohen Wänden. Im linken Bereich gab man Pakete auf. Die große Halle mit den vielen kleinen Schalterfenstern im mittleren Teil war bei schönem Wetter von Licht durchflutet. Hohe Pfeiler, eine in Weiß und Beige gestrichene Facettendecke und halbrunde Pendelleuchten verliehen dem Raum eine vornehme Eleganz. An diesem frühen Abend war das Licht hier schon sehr gemütlich. Alex hatte sich verspätet, also stellte ich mich an, um Briefmarken zu kaufen. Ich hatte das Briefeschreiben wiederentdeckt, in der „Villa Jaysus" war es meist unmöglich, lange ungestört zu telefonieren. Auch deswegen war mein Lieblingsraum im GPO der dritte: Hier hingen rund zwanzig Fernsprecher nebeneinander. Davor standen Holzschemel, und es war kuschelig warm. Kleine hölzerne Trennwände sorgten für ein bisschen Privatsphäre. Aber eigentlich war sowieso jeder auf sein Gespräch konzentriert. Und wen scherte es schon, wenn der Spanier oder die Nigerianerin neben mir hörten, wie ich meinen Freundinnen mein Heimweh gestand oder wir unsere Beziehungen analysierten?

Heute musste sich niemand in Deutschland anhören, dass Alex und Till nie von selbst ans Putzen dachten: Alex war gerade reingekommen. Wir beschlossen, erst bei *Eason's* nach deutschen und französischen Zeitungen zu gucken und uns dann bei unserem Lieblingsitaliener einen *Cesar's Salad* oder eine Pizza zu gönnen. Bei *Eason's* gab es Schreibwaren, Bücher, CDs etc., und an diesem Tag gab es die *Le Monde* vom Vortag und den *Spiegel* der letzten Woche. Auf dem Weg zu Da Pino machten wir am IFI (Irish Film Institute) Halt. Alex wollte gucken, was im Kino lief. In dem alten, architektonisch gelungen aufgepeppten Gebäude waren ein Programmkino und ein Café-Bistro untergebracht – beides sehr *continental*. Im IFI vergaß ich manchmal, dass ich in Irland war, obwohl der graue Granit, ebenso wie die Burger-Auswahl und die obligatorische Beilage Pommes oder Kartoffelschnitzen, auf Irland hinwiesen. Vielleicht lag es daran, dass es nicht viele solcher Bistros in Dublin gab, die weder Restaurant noch Pub waren. Mich erinnerte der Bistro-Bereich im IFI immer an einen überdachten Biergarten auf dem Campus einer internationalen Universität: Junges Multikulti-Volk zog sich eine Lasagne für acht Euro rein, bevor es sich im Rahmen des French Film Festivals einen Film mit Isabelle Huppert ansah. Es war normal, sich einen Tisch zu teilen, und weil es nicht so laut war wie im Pub, konnte man mit seinen Nachbarn sogar richtige Gespräche führen. Alex und ich liebten diesen Ort, vor allem des Kinos wegen, aber auch wegen der Leute, die hierher kamen. Es waren nicht nur junge Studenten oder Leute wie wir darunter, auch viele Iren, sogar alte Männer kamen vereinzelt zum Essen hierher. Man musste sich einfach nur hinsetzen und abwarten. An diesem Tag mussten wir nicht mal das. Wir hatten gerade beschlossen zu bleiben und mit viel Glück einen Tisch ergattert, als uns eine Irin um die vierzig fragte, ob sie sich zu uns setzen dürfe. Sie platzierte ihre Einkaufstüten neben sich und verriet uns, sie habe eigentlich nur ein paar Mitbringsel kaufen wollen. „Und jetzt – sehen Sie sich das an!" Sie zeigte auf ihre Einkäufe und hob Hilflosigkeit demonstrierend die Schultern. „Dublin ist einfach zu verführerisch geworden. Aber immerhin habe ich nur Dinge gekauft, die ich auf Mallorca nicht bekomme."

„Leben Sie dort?"

„Seit acht Jahren, ja. In der Nähe von Palma." Im Moment träume sie davon, nach Dublin zurückzukehren. Leider sei das nicht so leicht. Ihr Mann war Spanier und ihre Tochter ging in Palma zur Schule. „Aber ich fühle mich hier zu Hause, auch wenn ich mich bei jedem Besuch wieder einleben muss, weil sich alles so schnell ändert. Das Wesentliche bleibt." Sie holte kurz Luft. Außerdem sei Dublin jetzt sehr aufregend und sie fühle sich viel sicherer als früher. Wenn es nur nach ihr ginge und Geld keine Rolle spielen würde, wäre sie schon längst nach Blackrock oder Ranelagh gezogen. Sie spielte mit ihren Ringen. „Ein schöner Traum."

„Warum ausgerechnet nach Blackrock oder Ranelagh?"

„Na, wissen Sie, ich bin Southsiderin. Wenn zurück nach Dublin, dann nur in ein Haus auf der Südseite." Sie winkte einer Frau zu, die sich zu uns setzte. Das Gespräch entglitt Alex und mir, bevor wir richtig eingestiegen waren. Was blieb, war eine nette flüchtige Begegnung und der Entschluss, uns demnächst die Stadtteile Ranelagh und Blackrock anzusehen.

Wenn Alex und ich gemeinsam die Stadt erkunden wollten, kamen wir meist nicht weit, weil wir ständig irgendwo einkehrten. Davon abgesehen langweilte sich Alex genauso schnell in Klamottenläden wie ich mich in CD-Abteilungen. Also tigerten wir auch oft separat durchs Zentrum. Ich war fasziniert von den krassen Gegensätzen, die es insbesondere auf der *northside* gab, und davon, dass alles in Bewegung war. Am liebsten hätte ich dauernd fotografiert, um die „Dirty Old Town" festzuhalten. Die Frage war, wie lange es diese Seite von Dublin noch geben würde. Jeden Tag wurden Einfamilienhäuser abgerissen, die zwar winzig und oft feucht, aber immerhin für die unteren Gesellschaftsschichten bezahlbar waren. An jeder Ecke wurde gebaggert, gebohrt, alles musste aufgehübscht werden. Ständig entdeckte man neue Restaurants und Büros und noch ein Luxushotel wurde eröffnet. Ich fragte mich, wer das alles bezahlte, ob die Iren wirklich plötzlich so viel Geld hatten. Im Zentrum jedenfalls sah man alles: Obdachlose, die im Müll wühlten, vor allem alte Menschen; die unauffällige Mittelschicht; Frauen und Männer mit Tüten vom Luxuskaufhaus *Brown Thomas*; Frauen um die fünfzig im Rock mit dunklen Strumpfhosen und weißen groben Turnschuhen *(runners)* und junge Jogginganzugträgerinnen, die ihre Kinderwagen durch die Fußgängerzone der *northside* manövrierten.

Eines Samstagmittags suchte ich dort nach Gott. Offenbar hatte ich es mit dem Tütensparen übertrieben und an der Supermarkt-Kasse zu viele schwere Lebensmittel in die Tasche gestopft, jedenfalls riss der Riemen meiner Umhängetasche. Glücklicherweise war das ILAC Centre nicht weit. Zusammen mit der Henry Street bildete es das Shopping-Mekka der alteingesessenen *northsider*. Das ILAC Centre war (bis zur Renovierung im Winter 2007/2008) das schäbigste der zahlreichen Einkaufszentren der Innenstadt und atmosphärisch einfach unterirdisch – ich bekam jedes Mal Beklemmungen, wenn ich diesen düsteren Ramsch-Tempel betrat. Andererseits war der Ort schon einzigartig skurril. Neben den typischen Ketten waren dort auch jede Menge kleiner spezialisierter Geschäfte, die alles Mögliche verkauften. Das wiederum hatte seinen Charme und war auch in Dublin längst eine Rarität.

Vor dem ein Meter breiten Lädchen des Schusters saßen zwei Kunden auf hohen Hockern und warteten auf ihre Schuhe. Die seidenbestrumpften Füße der älteren Frau mit rosa Teint hingen in der Luft. Der klapprig dürre, alte Mann neben ihr strahlte sie an und sprach gurgelnd auf sie ein. Ich verstand kein Wort, obwohl ich mit dem, was meine Kollegen so äußerten, erstaunlicherweise schon nach ein paar Wochen kaum mehr Schwierigkeiten hatte – zumindest, wenn nur einer sprach. Aber das hier war ein anderes Dublin – von Anhängern des „authentischen" Irland auch *real Dublin* genannt. In wohlhabenden Stadtteilen wie Ballsbridge oder dem Multikulti-Studenten-junge-Kreative-Viertel Rathmines bekam man diesen alten Arbeiter-Dialekt bestimmt nicht zu hören. Erst recht nicht in Malahide, Dalkey oder Howth, wo die Superreichen mit Meeresblick wohnten. Auch den Schuster verstand ich erst, als er seine Antwort wiederholte: Leider habe er keine Zeit, um meine Tasche zu reparieren, es tue ihm leid. „Versuchen Sie es doch bei meinem Kollegen in der … Straße." Was meinte er, wo sollte ich es versuchen? Die Frau hinter mir in der Schlange half aus. „Klar, versuchen Sie es dort. Er ist Gott." Jeeesus! Der Schuster ist Gott? War das jetzt ein Undercover-Blasphemie-Test der Einwanderungsbehörde? Dann zeigte sie in Richtung Moore Street und sagte „More Street" (mit langem o). Da verstand ich. Sie meinte: „He is good." Meine Güte, hier wurden einem stündlich Rätsel aufgegeben.

Eine andere Spezialität echter *northsider* war, das u wie ein deutsches u auszusprechen, besonders auffällig, weil allzeit zu hören in „fucking". Sätze wie „Ye fucking eejit!" („Du verfluchter Idiot!"), „Yer (mit rollendem r = you're) fucking right!" oder „What the fuck are ye doin'?" schienen zum unerlässlichen Repertoire eines echten Iren zu gehören. Im Gegensatz zur englisch ausgesprochenen Variante klang diese aber, ebenso wie die andere irische Variante „feck" beziehungsweise „fecking", viel weniger aggressiv. Außerdem wurde „fuck" eben nicht nur als Schimpfwort („fuck off"), sondern auch zur Beschreibung, dass etwas schiefgelaufen ist („Bloody hell, I'm fucked!"), zur Betonung von etwas und oft auch scherzhaft oder sogar liebevoll gebraucht – je nach Adressat und Absicht. Es war nur ein Wort, mit dem sich beliebig spielen ließ. Das Fluchen schien ein irischer Volkssport zu sein und zu etwas zu gehören, was Maeve einmal *banter* oder *slagging* genannt hatte: eine typisch irische Gesprächsform unter Freunden oder anderen Vertrauten, bei der man sich auch gegenseitig aufzieht und vor allem über sich selbst lacht. Da mitzureden war noch eine Stufe zu hoch für mich. Vorerst amüsierten Alex und ich uns mit Formulierungen wie „All roigh bud?" („Alles klar, Kumpel?") zur Begrüßung oder „What's da storeeey?" („Was gibt's Neues?"). Einer meiner Lieblingssätze war „Ye canna mean it" („Das kann nicht dein Ernst sein") – jederzeit anwendbar. Lustig fand ich auch die irische Eigenart, das th wie ein t auszusprechen: „I tink so" oder „tanks".

Auf der Moore Street räumten die Händlerinnen gerade ihre Waren zusammen: „Six apples an Euro, love!", rief mir eine Frau mit rauer Stimme zu. An Werktagen gab es hier Obst, Gemüse und frische Blumen so günstig wie sonst nirgends in der Innenstadt. Die ärmlich und provisorisch wirkenden Stände waren flankiert von Haushaltswarengeschäften, einer großen Metzgerei, deren einzige Dekoration aus Preisschildern der ausgelegten Ware bestand, und Billigläden, die von gefälschten Matchbox-Autos und Barbiepuppen über ebensolche DVDs und Parfüms bis hin zu Keksen, deren Verfallsdatum kurz bevorstand, so ziemlich alles verkauften. Vor lauter Reklameschildern hätte ich den Schuster fast nicht gefunden. Er stützte sich gerade auf seinen Holztresen und unterhielt sich mit einem stark verlebt aussehenden Mann. Sein jugendlicher Helfer im Hintergrund warf ab und zu ein Wort ein. Ich schien zu stören. Als der Maestro sich von seinem Gespräch loseisen konnte, meinte er, eigentlich habe er ja keine Zeit, aber in Ordnung, ich könne ihm die Tasche dalassen und in einer Stunde wiederkommen.

Ich würde die Zeit nutzen und endlich den nördlichen Teil der O'Connell Street und die Gegend dahinter erkunden. Die ganze Zeit hatte ich schon vorgehabt, mich auf die Spuren von Roddy Doyles schwarzhumorigen Romanfiguren zu begeben. Es war schon eine Weile her, dass ich die Komödie „The Snapper" und die Familientragödie „The Woman Who

Walked into Doors" gelesen und die Verfilmungen von „The Commitments" und „The Van" gesehen hatte. Noch länger war es her, dass Doyle den Achtzigerjahre-Alltag der Arbeiterschicht beschrieben hatte. Kurz: In diesem Moment wusste ich weder, wo die Romane spielten, noch, ob dieses Dublin überhaupt den Boom überlebt hatte. Ich würde einfach mal in Richtung Norden laufen und sehen, was passiert.

Auf der Upper O'Connell Street standen ein paar Häuser leer. Eine Schande bei dieser Lage, verständlich in Anbetracht ihres Zustands. Auf der breiten Verkehrsinsel, die beide Fahrtrichtungen trennte, befand sich eine Christusfigur mit rotem Umhang und ausgebreiteten Armen in einem Glaskasten. Der Dubliner Taxifahrer-Verband hatte sie aufstellen lassen, besagte ein Schild auf dem Sockel. Am nördlichen Ende der Straße blickte ein überdimensionierter Charles Stewart Parnell aus Stein in Richtung Süden. Der protestantische Politiker Parnell hatte sich Ende des 19. Jahrhunderts für die irische Autonomie starkgemacht. Am anderen Ende der Straße stand ebenso groß und übermächtig sein Vorgänger in der irischen Heldenriege: Daniel O'Connell, „der Befreier". O'Connell setzte sich vor allem für die Gleichberechtigung der Katholiken ein. 1841 wurde er der erste katholische Oberbürgermeister Dublins – ein Höhepunkt katholischer Emanzipation in der bis dahin, im Gegensatz zum Rest des Landes, jahrhundertelang stark protestantisch geprägten Hauptstadt.

Roddy Doyle ließ Jimmy Rabbitte, den Manager der ausschließlich weißen Soulband The Commitments, Ende der 1980er sagen: „The Irish are the niggers of Europe." Schwarze gab es damals in Irland so gut wie keine. Heute käme niemand mehr auf den Gedanken, die Iren als die Schwarzen Europas zu bezeichnen. Auch weil es jetzt schwarze gebürtige Iren gibt. Im östlichen Teil der Parnell Street etwa befinden sich neben überwiegend chinesischen auch viele afrikanische Geschäfte, Restaurants und Friseure.

Ich bog am Parnell Square nicht rechts ab, sondern ging den Hügel der Nordstadt hinauf. Die vielen Georgianischen Reihenhäuser hatten schon bessere Zeiten gesehen. Im 18. Jahrhundert befand sich in so einem schmalen Haus typischerweise im Souterrain die Küche, im Erdgeschoss das Esszimmer, darüber der Salon und so weiter. Jetzt waren die halb im Boden versenkten Wohnungen und Büros ziemlich heruntergekommen. Ich ging vorbei an Gebrauchtwarenläden und an *Spar* und *Centra* – den Allround-Kiosk-Supermarkt-Ketten, die die ganze Stadt im Griff zu haben schienen und von denen einige im Zentrum rund um die Uhr geöffnet hatten. Ein kleiner Gemüse- und Lebensmittelladen lag vor mir, der von einem Mann mit Turban betrieben wurde, und zwei, drei wenig besuchte, dafür umso günstigere Cafés. Schließlich gelangte ich in eine Betonwüste aus Backsteinhäuschen mit asphaltierten Vorgärten und niedrigen Mauern drum herum. Niemand schien zu Hause zu sein.

Ich beschloss, die Spurensuche ein andermal besser vorbereitet und vielleicht doch nicht alleine fortzuführen. Auf dem Weg zurück ins Zentrum wieder Backsteinoptik, nur jetzt an neuen Bürokomplexen und mit Glas oder grauen Steinquadern kombiniert. Dann wusste ich, wo ich war. Vor mir lag der Parnell Square. Die Häuser auf der Westseite hatten bunte Türen, Busse standen abfahrbereit, und wieder ein einziges Gedränge. Im letzten Haus das Büro von *Sinn Féin*. Die Tür stand offen. Ich überlegte kurz, ob ich mal reinschauen sollte, ging dann aber lieber um die Ecke ins „Kingfisher" auf eine Portion *fish & chips*.

Als ich eintrat, roch es überraschend wenig nach Frittierfett. Um halb drei war anscheinend noch Frühstückszeit: *full Irish breakfast* stand am häufigsten auf den Tischen.

Auf der Karte fand man alle möglichen Frühstücksarten und Mittagsgerichte, aber das deftige Frühstück mit den weißen Bohnen in roter Soße *(baked beans)*, mit Spiegelei, Scheiben kross gebratenen Specks (in Dublin *rashers* genannt), einer Scheibe Toast, Würstchen und gebratener Blutwurst *(black pudding)* und helleren Wurstscheiben *(white pudding)* war unter den *locals* eindeutig die beliebteste Variante. Touristen und *southsider* verirrten sich in dieses bodenständige Bistro kaum. Zum *full Irish breakfast* gereicht wurde das krümelige irische *soda bread* – für mich der einzig erkennbare Unterschied zur englischen Frühstücksvariante.

Dann war es Zeit, um meine Sachen vom Schuster abzuholen. Der Weg zum Bus führte wieder über die O'Connell Street. Ein junger Mann in einer dicken Steppjacke hielt einen Wegweiser in Form eines Verkehrsschilds, das für *smoked cod & chips* (geräucherten Kabeljau mit Pommes) bei der irischen Fast-Food-Kette *Beshoff* warb. Ich war bereit, ihn wegen seines demütigenden Jobs zu bedauern, aber er sah ganz fröhlich aus. Ein paar Meter weiter stand ein anderer Schilderhalter, der so viele Kapuzen übereinander trug, dass man sein Gesicht kaum sah. Er stand dort für eine „original irische Wahrsagerin" namens Mrs. Murphy, die auch auf Privatpartys aus der Hand und aus Tarotkarten las. Irgendwann würde ich sie mal besuchen, nahm ich mir vor. Wenn der Alltag hier nicht mehr so wundersam wäre. Wenn ich innerlich ein bisschen zur Ruhe gekommen wäre und das Gefühl hätte, jetzt muss ich mich entscheiden: zurückgehen – wohin auch immer – oder auf eine Zukunft in Dublin setzen. Dann würde ich meinen Grusel vor Wahrsagerinnen und ähnlichem Hokuspokus überwinden und mich Mrs. Murphys drittem oder viertem Auge anvertrauen.

November – Freundschaftsfrust

ICH HÄTTE EWIG SO WEITERFAHREN KÖNNEN. Draußen hatte es angefangen zu nieseln, kurz nachdem wir an der *Connolly Station* in die DART gestiegen waren. In den letzten Tagen war es abwechselnd grau mit wenig Regen und wenig Wind und grau mit viel Regen und viel Wind gewesen. Thermometer-Temperatur 8 Grad, gefühlte Temperatur – 4 Grad. Ich war vom Wetter und vom frühen Aufstehen ausgezehrt. Hinzu kam der Sprachenwirrwarr im Job und privat. Mit Alex sprach ich mittlerweile ein Kauderwelsch aus Deutsch, Französisch, Schulenglisch und *Dubbelin Accent*. Und bei der Arbeit wurden mir nachmittags, wenn sich deutsche Kunden anscheinend massenweise in den Feierabend verabschiedeten, Spanier und Franzosen zugeschaltet. Eigentlich fand ich das gut: Es gab für jede Sprache extra Geld, und ich blieb in Übung. Andererseits erschöpfte mich der ständige Sprachenwechsel zusätzlich.

Alex ging es nicht besser. Eigentlich brauchten wir beide einen Job, bei dem wir später anfangen konnten. Oder wir mussten näher zu unseren Arbeitsstellen ziehen, was nicht so einfach war, weil Alex ganz im Norden und ich ganz im Süden arbeitete. Vorerst versuchten wir am Wochenende Kraft zu tanken, vor allem indem wir wenigstens an einem Tag raus aufs Land fuhren. Mein Favorit war Bray, Alex mochte Howth lieber. Letztlich waren beide Spazierwege entlang der Küste ein Traum und Balsam für unsere strapazierten Nerven.

Zwischen den Innenstadt-Stationen *Connolly Station, Tara Station* und *Pearse Station* fuhr die S-Bahn recht langsam und manchmal obszön dicht an Bürotürmen und heruntergekommenen Wohnhäusern mit kleinen Fenstern und schimmligen Außenwänden vorbei. Die Menschen, die hier lebten, würden sich ganz schön abrackern müssen, um einmal in die Verlegenheit des anderthalbstündigen Pendelns zu kommen, von dem am Abend zuvor die Rede gewesen war. Johnny aus unserem Team, Emer aus dem *Helpdesk*, einer Abteilung für besonders knifflige Fälle, und Andrea hatten erzählt, dass viele gut ausgebildete und gut verdienende junge Dubliner Paare in eine der neuen Schlafstädte rund um Dublin zogen, weil die Immobilien dort noch einigermaßen erschwinglich seien. Vor lauter Im-Stau-Stehen und Überstunden hätten sie dann zwar kaum Zeit für ihre Familien – Andrea und Emer konnten selbst ein Lied davon singen –, aber sie hatten den ersten, den entscheidenden Schritt auf die *property ladder* – die Eigentumsleiter – geschafft.

Ich überlegte, wie ich in Dublin wohnen wollte, wenn ich Kinder hätte. Ich sah Alex an, der mir gegenübersaß, während wir in Richtung Süden fuhren. Wahrscheinlich würde ich auch rausziehen – der Verkehr, der Stress, keine Spielplätze im Zentrum … Am liebsten in einen der gepflegten citynahen Stadtteile, wenn die bezahlbar wären. Der Kult ums eigene Haus unter den Iren meiner Generation war mir jedoch ein Rätsel. Auch wenn Immobilien, zumal bei der Preisentwicklung in Irland, bei der es lange nur bergauf ging, natürlich eine gute Geldanlage waren.

Oder wir würden gleich nach Bray oder Howth ziehen, zwei Städtchen an entgegengesetzten Endhaltestellen der DART-Küstenlinie. Ein Grund, warum ich so gerne nach Bray fuhr, war die wunderschöne Fahrt dorthin, insbesondere das letzte Teilstück. Zunächst fuhr die Bahn erhöht durch die Docks, wo die kleinen roten Backsteinhäuschen und alten Lagerhallen zunehmend durch Glasbauten ersetzt wurden. Dann folgte ebenerdig eine Strecke mit den Rückseiten viktorianischer Stadthäuser, Privatgärten, Achtzigerjahre-Büroblocks und ausufernden Hecken. Ein paar Stationen lang hatte man Zeit, die vielen Sicherheits-Hinweise in der Bahn und die grün gerahmten Poster zu lesen. Eines drohte Schwarzfahrern unter dem Schriftzug „Fare evasion is theft!" mit einer enormen Geldbuße oder drei Monaten Haft. Auf einem der Poster, die mit „Poet's Corner" überschrieben waren, stand ein Gedicht von Bernard O'Donoghue mit Assoziationen an seine irische Heimat, während er im April durch Wales fährt.

Unvermittelt tauchte links das Meer auf. Bei Flut reichte das Wasser bis an die graue Mauer, die die Gleise schützte. Jetzt aber saßen Möwen auf dem Watt. Von hier aus hatte man die ganze Dubliner Bucht im Blick. Links an der Mündung der Liffey ins Meer lagen die markanten, hohen Schornsteine, die ich schon vom Flugzeug aus gesehen hatte; gegenüber lag die Halbinsel Howth. Wir fuhren durch eine kleine Marschlandschaft, ein Vogelschutzgebiet. Dann versperrten wieder Mauern, Brombeerhecken und zerrupfte Bäume die Sicht aufs Wasser und auf die ehemaligen Dörfer, die schon seit Jahrzehnten zum Dubliner Speckgürtel gehörten.

Es war sehr ruhig in der Bahn. Über dem Meer klarte es auf. Dünne Sonnenstrahlen drückten sich zwischen den Wolken hindurch, nur noch wenige Tropfen liefen die Scheiben hinunter. Landeinwärts wies der Himmel alle Nuancen zwischen Dunkelgrau, Hellgrau, Hellblau und gelblichem Weiß auf. Mit einem idyllischen Mini-Hafen, in dem ein paar kleine Boote lagen, begann der schönste Teil der Strecke. Der große Yachthafen von Dún Laoghaire (gesprochen: Dann Liehrie) war immer belebt. Hier war Böll mit der Fähre aus England angekommen, hier spielen die ersten Szenen im „Irischen Tagebuch". Till, der mit dem Auto über England angereist war, war im Dubliner Hafen von Bord gegangen. Auf dem Bahnsteig in Dún Laoghaire stand eine junge Frau mit zwei großen Reisetaschen: blaue Jogginghose, Turnschuhe, obenherum schick mit topmodischem Mantel und einem teuren Schal, den ich in einer Boutique in der *Grafton Street* gesehen hatte.

Dann kam der erste Tunnel. Hinter Dalkey, wo laut Reiseführer Van Morrisson, Enya, Chris de Burgh, Bono, Neil Jordan und viele andere irische Pop- und Kultur-Größen ein Haus besaßen, führte die Bahnlinie teils in Armlänge am Abgrund vorbei. Unter uns schlug die Brandung an die Felsen, und wo sich die Sonne durchgesetzt hatte, glitzerte das Meer. Bevor wir den Strand von Killiney erreichten, leuchteten rechts weiße Villen und Hotels aus der Landschaft heraus.

Kurz vor Bray hatte sich der Zug ein Stück weit vom Wasser entfernt, fuhr an vom Wind gebeugten Bäumen, Feldern und einem Golfplatz mit Meerblick vorbei und hielt vor einem alten Bahnhofsgebäude.

Um *6 pm* waren wir mit Ian, dem England-Rückkehrer aus dem Café en Seine, im Zentrum von Bray verabredet. Alex hatte Ian ein paar Nachrichten hinterlassen, auf die er keine Antwort erhielt. Als Alex ihn endlich an der Strippe hatte, war Ian außer sich vor Freude und meinte, er habe dann doch einen Elektriker kommen lassen, aber er sei ja so froh, von Alex zu hören! Ob wir nicht am Samstag auf ein *pint* in seinen *local pub* in Bray kommen wollten? Dann könnten wir seine Familie kennenlernen, und ein paar seiner Freunde seien auch immer da.

Erst wollte Alex nicht. Er war zu enttäuscht, nicht nur davon, dass sich das Heimwerken erledigt hatte, sondern auch „von der Art des Umgangs". „Was glaubt er eigentlich, wer wir sind? Bittsteller, die auf ein Wort von ihm warten und dann gleich anderthalb Stunden durch die Stadt fahren, um ein Pint mit ihm zu trinken?" Ich schwieg. So was Ähnliches waren wir doch. Wie alle Einwanderer irgendwo auf der Welt waren wir dankbar für jedes bisschen Zuneigung von Seiten der Einheimischen. Und die Iren verhielten sich uns gegenüber bestimmt freundlicher, offener und respektvoller als die Deutschen ihren ersten Gastarbeitern nach dem Krieg gegenüber. Noch heute steht man ja in Deutschland Fremden grundsätzlich abwehrend gegenüber, während der Fremde in Irland erst einmal ein Freund ist. Ich fragte mich jedoch, wie echte Freundschaft mit einem Iren oder einer Irin aussah. Wann ging es über unverbindliche Spaß-Treffen hinaus? In der Gruppe mit anderen Kollegen und Freunden waren wir immer willkommen; bisher waren aber weder Alex noch ich aufgefordert worden, alleine etwas mit einem unserer irischen Kollegen zu unternehmen.

Natürlich sagten wir Ian zu. Bis zum Abend würden wir über die Klippen von *Bray Head* wandern und uns den Wind um die Nase wehen lassen. Auf der Strandpromenade der kleinen Bucht von Bray waren vor allem ältere Menschen, Familien und unzählige Fast-Food-Verpackungen und leere Chips-Tüten unterwegs. Das mit dem Müll war generell ein Problem. Kürzlich hatte Olli mir eine Geschichte erzählt, die uns wieder mal das Gefühl gab, richtig deutsch zu sein: Olli war mit seiner Mitbewohnerin, die zugleich seine Vermieterin war, zum Großeinkauf gefahren. Der Supermarkt-Parkplatz war wie immer brechend voll; sie waren froh, dass sie noch einen Platz bekamen. Neben ihnen mampfte ein junges Paar Burger und Pommes, während der Motor lief. „Hat ja keinen Sinn, da was zu sagen, nach dem Motto: Macht mal den Motor aus", meinte Olli. Er und seine Mitbewohnerin gingen also einkaufen. Als sie nach einer halben Stunde wiederkamen, „da saßen die beiden immer noch im Wagen, und der Motor läuft immer noch", erzählte Olli. „Wir packen also unseren Kram ein. Da macht die Frau die Tür auf und wirft ihren ganzen Müll nebens Auto. Und zwar einzeln, nicht etwa alles in einer Tüte."

Ein Einzelfall? Eher nicht. Ich konnte genauso wenig wie Olli glauben, dass der Wind, so kräftig er auch oft wehte, all die Tüten, Kartons und Papiere, die in Dublins Büschen und Bäumen hingen und sich auf der Straße mit der Zeit in unidentifizierbaren Matsch verwandelten, aus den Mülleimern gesaugt hatte. Ich verstand nicht, wie die Iren so stolz auf ihr schönes Land sein konnten und gleichzeitig so wenig dafür taten, dass die Landschaft bewahrt wurde, ja überhaupt zur Geltung kam.

Der Blick auf das Meer unter uns war einfach umwerfend. Ich liebte diesen Weg zwischen Abhang und teils steil ansteigendem Hügel, auf dem um diese Jahreszeit grünbraunes Gestrüpp und Gras, Heidekraut, Flechten und Moose wuchsen. Hier konnte man mal richtig durchatmen, zur Ruhe kommen, seine Gedanken sortieren. Noch schöner musste es im Sommer sein, wenn der eisige Wind nicht zum Spielverderber wurde. Ich war allerdings auch ziemlich dünn angezogen. Das Paket mit Winterkleidung, mit Lebkuchen, Bauernbrot, luftgetrockneter Salami und vielen anderen Leckereien, das mir meine Mutter geschickt hatte, war nach drei Wochen immer noch nicht angekommen.

Alex und ich fanden es zu früh, an Weihnachten wieder nach Hause zu fliegen. Heiligabend wollten wir mit Till und seiner Kollegin Marion bei uns feiern. Ich müsste meine Geschenke also bald beisammen haben. Da ich jetzt mitbekam, was so alles beim Paketversand schiefging, wollte ich sie rechtzeitig abschicken.

Die Arbeit langweilte und nervte mich zunehmend. Im Minutentakt die gleichen Sätze und Handgriffe zu wiederholen förderte nicht gerade die Eigeninitiative und Fantasie. Entgegen meiner Ansage beim Vorstellungsgespräch war es wohl doch nicht mein Ding, die Probleme anderer zu lösen. Vor allem nicht, wenn man über so wenig Handlungsspielraum verfügte wie ein Kundendienstmitarbeiter einer Hotline. Zum Glück gab es die Pausen, den Spaß, den wir zwischen den Anrufen hatten, und die Freitage.

Freitag war kein normaler Werktag. Zwar wurde so lange gearbeitet wie sonst auch, aber der ruhigere Nachmittag, die Aussicht aufs Wochenende und vorher ein paar nette Stunden mit Kollegen versüßten uns den Tag. Spätestens ab Mittag hellten sich die Gesichter der *agents* auf, auch das Management wirkte entspannter. Das lag auch am *casual day*. Freitags durften selbst Manager Jeans, T-Shirt und Turnschuhe tragen. Die unausgesprochene Regel für den Freitag lautete: *Dress down*. Denn letztlich sind wir doch alle gleich, und auch wenn das unter der Woche ab und zu untergeht: Wir sind eine große, glückliche Familie! Wer dennoch im Anzug bei der Arbeit erschien, brauchte einen guten Grund, um nicht eine spöttische Bemerkung auf sich zu ziehen. Einige Teamleiter und Manager schienen nicht genau zu wissen, wie weit sie gehen konnten: War ein Iron-Maiden-T-Shirt okay? Der spanische *teamleader* trug es jedenfalls kein zweites Mal. Und ein schlichtes weißes Hemd? Die meisten Führungskräfte dachten wohl, mit einem Poloshirt wären sie auf der sicheren Seite.

Andrea betrachtete das letzte Mal vorm Wochenende die Statistiken. Sie sah zufrieden aus. „Wir hatten eine richtig gute Woche, Leute, das müssen wir feiern. „Let's go for a pint." Wir waren mit den meisten angenommenen Anrufen pro Kopf das Vorzeige-Team des Tages.

Das Molloy's war schon proppenvoll mit Kollegen. Ein paar *locals* waren auch im Pub. Die meisten Manager standen um die Bar. Julie, Olli und ich setzten uns zu Leuten aus unserem Team. Andrea und Emer unterhielten sich über Kinderbetreuung. Andrea erzählte, sie sei froh, dass sie für ihre Tochter einen Ganztagsplatz bekommen habe, auch wenn ein Großteil ihres Gehalts dafür draufging. Emer war Mitte dreißig. Dennoch wollten sie und ihr Mann noch mit dem Kinderkriegen warten. Sie hatten vor drei Jahren ein Haus gekauft; Hypothek und Kinderbetreuung könnten sie sich nicht leisten. Ihre Mutter würde bald in Rente gehen, so Emer, dann könnte die sich vielleicht um den Nachwuchs kümmern.

„Keiner will es verpassen, rechtzeitig einzusteigen", erklärte Andrea zu uns gewandt. Jeder versuche zu kaufen, zu verkaufen und sich ein finanzielles Polster zuzulegen. Den Kredit würden einem die Banken ja praktisch hinterherwerfen, aber ihr Mann und sie müssten jetzt ganz schön kämpfen, um die monatlichen Raten abzubezahlen und die Kosten für zwei Autos, Nahrungsmittel und so weiter zu berappen.

Dazu hatte auch Johnny etwas zu sagen: „Ohne Haus ist ein Ire eben kein Ire. Er fühlt sich nicht zu Hause, ist nicht angekommen", warf er ein. „Ich denke, das kommt noch aus der Zeit, als die Engländer hier waren und Katholiken kein Land besitzen durften. Wir wollen es uns immer noch zurückholen." Johnny war neben Maeve, Julie und Shane der vierte Ire in unserem Team, ein großer, sommersprossiger, ernsthafter Typ. Er kam aus dem County Clare, wo seine Eltern einen Pub betrieben, und hatte zeitweise in Hamburg Germanistik studiert. „Mieten hat in Irland keine Tradition", sagte er zu Olli und mir. „Deswegen gibt es trotz des Baubooms immer noch zu wenige Mietwohnungen in Dublin." Wie sich herausstellte, gehörte auch Johnny zu denen, die mit ihrer Miete anderer Leute Raten abbezahlten. Er wohnte mit seinem Studienfreund Cormac aus dem französischen Team und einem dritten *culchie* vom Land in einer 3-bed-room-Wohnung im gutbürgerlichen Ballsbridge.

Eine Frau um die fünfzig schlängelte sich mit einem Tablett zwischen niedrigen Tischen und Schemeln hindurch. Ab und zu schwappte ein randvolles Glas Guinness über. Der dicke Schaum sickerte in die bereits arg mitgenommene Auslegeware. Die meisten von uns hatten seit dem Mittag höchstens einen Schokoriegel oder eine Minitüte Chips aus dem Automaten gegessen. Andrea bestellte für unseren Tisch eine Riesenportion *chips*, also Pommes frites. Andere bestellten Burger, aber die meisten legten ihr Geld nur in Flüssigem an.

Es war, als ob die ganze Last der Woche von einem abfiel, als ob man die angelernte Rolle ablegte und sich endlich geben konnte, wie man war. Besonders ins Auge fiel die Verwandlung der Manager vom im Vergleich zu Deutschland und Frankreich zwar kollegialen, lockeren, aber eben doch der Chefetage zugehörigen Leistungsträger hin zum hemmungslosen Kumpel. Schon bald mischten sich die oberen Chargen unters Volk: Dave, der HR-Manager, und ein paar irische Jungdynamiker, die man sonst fast nur in ihren Glaskästen über der Halle sah, gesellten sich zu uns. Sie sprachen über den Wahnsinns-Verkehr, der sie alle so stresste, vom Bauboom und der Zerstörung der Landschaft, gleichzeitig schwärmten sie von den neuesten Mercedes- und Landrover-Modellen. Sie erzählten uns, dass neunzig Prozent der Jugendlichen in Irland Abitur machten und wie sehr ihre Generation von langfristigen Investitionen des Staates in Bildung profitiert habe, und schimpften auf die hohe Einkommensteuer und Politiker, die mit ihren alten Seilschaften untereinander und den neuen Verbindungen zur Wirtschaft alles für die Unternehmer, aber nichts für die Arbeitnehmer tun würden. Sie, die Arbeitnehmer, besuchten alle paar Monate Verwandte in den USA oder machten Urlaub in Spanien, Italien oder Frankreich, einige besaßen dort oder neuerdings in Bulgarien oder Tschechien Häuser, aber ihre Kinder sollten auf gälischsprachige Schulen gehen. Sie selbst sprachen meist nur ein paar Worte Irisch – in der Schule hatten sie das Pflichtfach als rückständig und nutzlos abgelehnt.

Julie war schon ziemlich betrunken und rief, ihre Kinder würden sowieso halbe Holländer, mit weißen Hauben über grün-weiß-orangefarbenen Haaren. Julies neuer Freund kam aus Amsterdam. Sie hatte ihn an Halloween im Pub kennengelernt. Mir hatte sie erzählt, er habe am gruseligsten ausgesehen, da habe sie gleich Vertrauen gefasst. Julie war nicht die Einzige, die laut und munter wurde. Ich fragte mich, wie man ein Pint Guinness in so kurzer Zeit die Kehle hinunterstürzen konnte. Am ersten Freitagabend hatte ich gedacht, die Wirtin mache das Geschäft ihres Lebens. Danach wusste ich: Es war jede Woche so. Wobei Leute wie Andrea, die Familie hatten, nur zu besonderen Anlässen mitkamen. Heute war es Annikas letzter Arbeitstag. Nach einem halben Jahr in Dublin ging sie zurück nach Magdeburg. Dort hatte sie zwar noch keine Arbeit, aber sie hielt es vor Heimweh nicht mehr aus. Emer verstand das nur zu gut. Sie sei in Dún Laoghaire aufgewachsen und wohne nun nur ein paar Meilen weiter westlich, fast in den Bergen, vermisse aber Dún Laoghaire sehr. „Oft setze ich mich abends noch ins Auto und fahre ans Meer", sagte sie. Ja, manchmal würden sie und ihr Mann auch in die Berge fahren und ein Stück laufen. Sie klang wenig begeistert.

Ich fand es hier oben wunderschön. Jetzt in der Dämmerung schimmerten Meer und Himmel in Blau- und Grautönen. Landeinwärts war es schon stockdunkel. Es wurde Zeit zurückzugehen und den Pub zu suchen, in dem wir Ian treffen sollten. Alex sagte, bei ihm in der Firma drehe sich auch jede Unterhaltung um Immobilien. „Die exorbitanten Käsepreise scheinen niemanden zu stören." Er lachte. „Aber jeder regt sich über die Immobilienpreise auf, auch diejenigen, die offensichtlich davon profitieren." Ihn erinnere das an Süchtige, die immer heftigeren Stoff bräuchten. „Sie jonglieren mit Häusern wie wir mit ... keine Ahnung ..." – „... mit den Städten, in denen wir wohnen", schlug ich vor. „Vielleicht." Alex war nicht überzeugt. Er hatte es mit Dublin ernst gemeint. Er war nicht der Typ, der ständig umziehen wollte. Von Dublin hatte er sich ein entspanntes Leben mit einem wenig stressigen Job und jeder Menge Spaß und Müßiggang erhofft. Und jetzt musste er feststellen, dass die Iren um uns herum mehr an irdischen Gütern interessiert waren als die meisten Franzosen und Deutschen in unserem Alter. Bis Mitte/Ende zwanzig hielt sich ihr Stress noch in Grenzen. Sobald sie aber in die Mühle von Konsum, Kindern und Krediten gerieten, amüsierten sich diejenigen, die nicht ihre Karriere als Spielfeld entdeckten, höchstens noch an den Wochenenden oder in New York. Alles, was aus den USA kam, war sowieso gut, weil vertraut. Das traditionell enge Verhältnis zum großen Bruder färbte so ziemlich alle Lebensbereiche, bis sich auch größere Teile der Bevölkerung an Produkte vom Kontinent, aus Asien und Afrika gewöhnten. Während besser gebildete Dubliner Sushi, französische Filme, italienische Schuhe und spanisches Olivenöl gerne in den Himmel lobten, galten diese Dinge bei anderen als unirisch und snobistisch. Die Iren, mit denen wir täglich zu tun hatten, gehörten eher in die erste Kategorie. Alles, was wir unter irischen Werten und Traditionen verstanden – die Musik, die Literatur, das Mystische –, interessierte Mary und

Paul, Julie und Maeve, soweit ich das bisher mitbekommen hatte, nicht die Bohne.

Man kann verstehen, dass wer lange genug nichts hatte, erst einmal alles haben will. Warum sollten sich die Iren nicht bis über beide Ohren verschulden, wenn die Zinsen lächerlich niedrig und der Job sicher war? Es stimmte, was Johnny am Abend zuvor gesagt hatte: Die Iren hatten keine Angst mehr. Sie schöpften aus dem Vollen, als ob es kein Morgen gäbe, und wollten alles: maximalen Spaß, maximales Einkommen und der oder die Beste, Reichste, Lustigste und Beliebteste sein. Sie pickten sich die Rosinen aus der *Irishness* des alten Irland und der Globalisierung des 21. Jahrhunderts und mixten sich ihren eigenen Lebensstil.

In Ians *local* (Pub) in Bray spürte man, von den internationalen Biersorten abgesehen, nichts von der großen weiten Welt. Hier schienen wirklich nur Leute zu sitzen, die um die Ecke wohnten. Man nickte sich zu oder setzte sich gleich zu den Nachbarn an den Tisch. Ian war noch nicht da, also nahmen Alex und ich wie ein altes Ehepaar nebeneinander auf der gepolsterten Bank Platz, die sich an der Wand entlangzog. Für 20 Uhr war Live-Musik angekündigt. Als Ian, seine Schwester Jennifer und deren Freund Brian auf der Bildfläche erschienen, glühte ich bereits. Dann kamen auch Ians Eltern John und Fiona gemeinsam mit ihren Nachbarn, an deren Namen ich mich nicht erinnere, weil ich sie – im Gegensatz zu Ians Familie – nie mehr wiedersah.

Die Musiker, die für diesen Abend engagiert waren, hießen Frank und Booster. Der eine trug ein Adidas-T-Shirt und Jeans, der andere ein weißes Hemd und eine schwarze Stoffhose. Booster spielte Gitarre, Maultrommel *(bodhrán)* und Geige, und Frank war für den Gesang und die *tin whistle*, eine kleine Blechpfeife, zuständig. Und natürlich sangen alle im Pub die alten Lieder. Manche Evergreens wie „Wild Rover" oder „Dirty Old Town" konnten auch Alex und ich zumindest teilweise mitsingen. Bei einer Weise über eine Schöne aus „Dubbelin", hinter der alle Männer her sind, sang John Fiona an. Die lachte und nannte ihren Mann einen „silly old fool". „The Rocky Road to Dublin" riss ein paar Frauen weiter vorne von ihren Hockern. Erstaunlich leichtfüßig hüpften sie à la Michael Flatley auf und ab, tanzten paarweise, dann wieder in der Gruppe. Fiona erkannte in ihnen Mitglieder einer örtlichen Irish-Dance-Gruppe. Sie hätten sie extra für uns kommen lassen, damit wir etwas geboten bekämen, behauptete sie. Die meisten Leute im Pub waren aufgestanden und feuerten die Damen an. Ian rief: „Danke, Herr, dass du uns diese Elfen gesandt hast!", und ging die nächste Runde holen, bevor Alex oder ich daran dachten. Eigentlich hätten wir jetzt mal für alle bezahlen müssen.

Zwischendurch spielten die Musiker neuere, noch unbekannte *tunes*. Applaudiert wurde nicht wild, aber freundlich. John erklärte uns das offene Geheimnis eines gelungenen Pub-Abends mit irischer Musik. Dazu gehörten nicht nur altbekannte Balladen über Unterdrückung und Auswanderung, Liebeslieder wie „Danny Boy", Trinklieder wie „The Wild Rover" und schnelle instrumentale *jigs* und *reels*, sondern auch Songs von zeitgenössischen Liedermachern. Texte und Musik müssten der Zeit angepasst werden, genauso wie jeder Musiker die Standards immer auf seine eigene Art spiele.

„Als Irland besetzt wurde, verloren die Barden ihre Jobs bei den irischen Häuptlingen. Fortan mussten sie umherziehen, um ihren Lebensunterhalt zu verdienen."

„Wie man sieht, hat das Herumvagabundieren bei uns Tradition", bemerkte Ian trocken.

„Das einfache Volk aber wollte nichts von Siegen und Schlachten hören." John ließ sich nicht stören. „Also änderten sich die Musik und Texte, und Trinklieder wurden immer wichtiger."

Apropos trinken. Vor den Toiletten stellte sich mir wieder einmal ein kleines Rätsel. *Fir* oder *Mná*, was war das gälische Wort für *Ladies*? In der Stadt stellte sich die Frage nicht, weil die meisten Toiletten auf Englisch beschriftet waren oder zusätzlich ein Bildchen die Sachlage illustrierte. Wäre ja auch unzumutbar, wenn Horden von Touristen durch die falsche Holztür stürmten. Ich glaubte mich zu erinnern, dass die zwei kleinen Wörter das Gegenteil davon bezeichneten, was man als ahnungsloser Irland-Reisender annehmen würde. *Mná* war also wahrscheinlich kein verunglücktes *Man*. Der Praxistest zeigte, diesmal lag ich richtig.

Als ich an unseren Tisch zurückkam, sprach John immer noch über Musik. „Wusstet ihr, dass die irische Harfe mit den Fingernägeln und nicht wie sonst mit den Fingerspitzen gespielt wird?" Er nickte zufrieden, als Alex und ich ahnungslos den Kopf schüttelten. „Leider wird dieses wunderbare Instrument kaum mehr gespielt." Nachdem die letzten irischen Aristokraten im 17. Jahrhundert die Insel verlassen hätten, sei fast die gesamte traditionelle Musik für Harfe in Vergessenheit geraten, auch weil es unter den Engländern zeitweise verboten war, irische Musik in der Öffentlichkeit zu spielen.

Ich überlegte, ob ich etwas Interessantes über deutsche Volksmusik und ihre Geschichte beitragen könnte. Irgendwelche Parallelen, Gemeinsamkeiten? Mir fiel nichts ein.

„Da, leave them alone now." Ian wollte feiern und das sollten wir auch.

Als einer der Gäste „The Rocky Road to Dublin" anstimmte, sagte John: „Ich mag diesen Song nicht, fragt mich nicht, warum. I'm going to shed a tear for Parnell", und stand auf.

Ian amüsierte sich über unsere verdutzten Gesichter. „Er meint, er geht pinkeln."

Später am Abend spielten Frank und Booster einen Song über einen Iren, der als junger Mann sein Glück in der Ferne sucht, nach ein paar Jahren merkt, dass es noch etwas anderes gibt, als sich treiben zu lassen, und zu seinen Lieben nach Irland zurückkehrt.

„Wie unser Ian hier." Jennifer lachte und deutete an, ihrem Bruder um den Hals zu fallen, was dieser gerade noch abwehren konnte.

„Yeah, thank God he's back." Fiona strahlte ihren Sohn an. „Und er tut so viel für uns. Wusstet ihr, dass er unser Haus von Grund auf renoviert?"

„Äh, ja. Er hat es uns erzählt", antwortete ich schnell und sah statt Alex Ian an. Tatsächlich wirkte er heute Abend viel glücklicher als vor ... Himmel! Waren schon drei Monate seit unserer Begegnung im Café en Seine vergangen? „Hast du dich wieder eingelebt, Ian?"

„Geht so. Ich werde mir wohl doch eine Wohnung in der Stadt nehmen. Hier draußen macht mich die Ruhe nervös." Ian lachte kurz entschuldigend auf. „Und, wer hätte das gedacht: Manchmal vermisse ich London."

Frank sang: „Happiness and peace of mind can best be found at home." Kurz darauf ging das Licht aus und wieder an. Zeit für die letzte Runde.

Dezember – Im Kauf- und Partyrausch

DREI WOCHEN VOR WEIHNACHTEN war Dublin schöner denn je. Das Einheitsgrau von Himmel und Häusern war hinter Lichterketten und Sternen, Stechpalmenzweigen und Efeugirlanden, Weihnachtsmännern und Rentieren verschwunden. Überall blinkte und glitzerte es. Die Umrisse verschwammen hinter Regen und Dunst, und es wimmelte vor Menschen. Gab es eine Stadt, der Weihnachtsschmuck besser stand? Ich kannte keine.

In der Innenstadt kam man jetzt meist nur noch in *slow motion* voran. Dennoch oder vielleicht gerade deswegen waren die Leute glänzend gelaunt. Möglicherweise war es wie im Pub: Die Stimmung war am besten, wenn es am vollsten war. Als mir in einer Papeterie ein Stapel Karten vom Tisch fiel, sprang ein Verkäufer herbei, lächelte mich an und meinte. *„Don't worry*. Das hätte jedem passieren können, sogar mir." Im altehrwürdigen Kaufhaus *Clery's*, und nicht nur dort, sang ein Kinderchor vom Band „Jingle Bells". Im selbsternannten Kreativ-Viertel Temple Bar krächzte Shane Mac-Gowan von den Pogues seine hoffnungslose Weihnachtsstory „Fairytale of New York". In der *Grafton Street*, vor der Boutique mit den buntesten Accessoires, flötete ein Junge „Stille Nacht". Ein paar Meter weiter wetterte ein Straßen-Prediger auf einer Holzkiste gegen die Konsumwut und mahnte zur Rückbesinnung auf Gott.

Bei mir hatte er damit wenig Erfolg. Wie die meisten Menschen um mich herum war ich im Kaufrausch. So ähnlich musste die Stimmung in den sechziger Jahren in Westdeutschland und nach dem Niedergang der DDR im Osten gewesen sein. Im *Irish Independent* und in der *Irish Times* beklagten die Intellektuellen des Landes immer öfter die Auswüchse des Wirtschaftsbooms: Die Einkaufszentren in den Vororten und in der Innenstadt waren voll, auch abends, sonntags, immer. Gezahlt wurde per Kreditkarte. Zusätzlich flog man fürs Wochenende nach London oder New York oder man fuhr nach Belfast, wo dieselben Dinge um einiges günstiger als im Süden waren. Für jemanden, der im Deutschland der siebziger und achtziger Jahre mit Sprüchen wie „selbst gemachte Geschenke sind doch am schönsten" aufgewachsen war, war diese ungezügelte Freude am Kaufen eine zunächst befremdende und dann befreiende Erfahrung.

Der Geschenkestapel in unserer Kammer wuchs also fast ohne schlechtes Gewissen meinerseits. Wäre ich über Weihnachten nach Hause geflogen, wären wohl nicht so viele CDs mit folkig eingespielten Weihnachtsliedern, Irland-Kalender, Handschuhe aus echt irischer Wolle und Packungen mit Christmas Crackers in Deutschland gelandet. So gaben mir die Pakete, die ich verschickte, das Gefühl, mich drüben ein bisschen zu vertreten.

Am liebsten ging ich mit Olli oder Yasmina, einer Kölnerin aus unserem Team, shoppen und danach ins Café – bevorzugt ins traditionsreiche *Bewleys* wegen dem Plüsch, den bunten Glasfenstern und allgemein wegen der dunklen Kaffeehaus-Atmosphäre oder, wenn wir Lust auf kleine französische *tartes* oder eine Portion *apple crumble* hatten, ins helle, gemütliche, nur leider viel zu kleine *Queen of the Tarts*. In den Boutiquen rund um die Grafton Street fand man stylische Qualitätskleidung, Filialen bekannter internationaler Ketten, exklusive Designerlabels und Deko- und Einrichtungsshops. Für alles, was günstig sein sollte, durchstöberten wir die Henry Street und ihre östliche Verlängerung, die North Earl Street, die wiederum in die Talbot Street überging. Dort fand man nicht selten skurrile Dinge, vor allem rund um den Haushalt, aber auch Handtaschen, die zum Jogginganzug passten. Alex und ich hatten dort zwar noch kein gefälschtes Adidas-Handtäschchen, wohl aber Schaufel und Besen, Bettwäsche für ein Doppelfederbett, Wäschewanne und Wäscheleine gekauft und kürzlich einen Weihnachtsbaum mit Gesicht, der beim Singen den Mund aufriss und die Kulleraugen rollen ließ.

Im November hatten wir abends oft ausgiebig gekocht und danach einen Film geguckt. Dazu war jetzt keine Zeit. Die Stadt pulsierte: Man feierte die Vorweihnachtszeit, Dublin und sich selbst. An den Wochenenden tanzten wir mit unseren französischen und deutschen Kollegen bis zum Umfallen im Rí-Rá und anderen Innenstadt-Clubs. Ständig eröffneten neue Locations, die erkundet werden mussten. Yasmina und ihre nigerianischen Freunde zogen im Morgengrauen meist noch weiter. Yasmina, die aus einer deutschtürkischen Familie kam, fand das Leben in Dublin paradiesisch. Zum ersten Mal konnte sie tun und lassen, was sie wollte. Ab und zu ging auch Julie mit tanzen. An den Wochenenden war sie allerdings meist ausgebucht oder erst gar nicht in der Stadt. Wie Johnny und andere Iren in unserem Alter, die nicht aus Dublin waren, fuhr Julie mindestens einmal im Monat zu ihrer Familie.

Wenn wir am Abend nicht ausgingen, schauten wir manchmal bei Mary und Paul vorbei. Meist war Paul noch im Büro, und Mary brütete, wenn die Kinder im Bett waren, über Arbeit, die sie vom Büro mit nach Hause genommen hatte. Eine Unterbrechung kam ihr da oft gelegen. An so einem Abend hatte Mary uns bei einer Tasse Schokolade für den zweiten Weihnachtsfeiertag eingeladen. Wir erfuhren, dass es üblich ist, am *St. Stephen's Day* bei Nachbarn, Freunden und dem Teil der Familie vorbeizuschauen, den man am 25. nicht gesehen hat, oder sich mit Freunden in Kneipen oder Clubs zu treffen. Alex versprach, Plätzchen mitzubringen, die ersten selbst gebackenen seines Lebens.

Im Januar wollten Alex und ich uns nach einer eigenen Wohnung umsehen. Zentraler sollte sie liegen, in einer lebendigeren Gegend. Das Leben im geteilten Vorort-Reihenhaus hatte zwar auch Vorteile – es war erheblich günstiger, wir hatten mehr Platz und wahrscheinlich mehr Kontakt zu unseren Nachbarn; inmitten junger Familien mit Haus und Auto auf dem Vorplatz fühlte ich mich nur leider ein bisschen wie ein Alien. Vorerst standen jedoch diverse Julklapps und Wichteleien an – Bräuche, die Schweden und Deutsche eingeführt hatten und die von den Iren in unserer Firma begeistert angenommen wurden; und dann die Weihnachtsfeiern unserer Firmen. Seit Ende November sah man in der City abends jede Menge Frauen im Abendkleid und Männer im schwarzen Anzug in Hotels gehen. Auch unsere Feier fand in einem Hotel statt, allerdings so weit außerhalb der Stadt, dass alle Mitarbeiter vom *manager* bis zum *agent* gemeinsam mit Bussen hinkutschiert werden sollten. Das fördere den Gemeinsinn, hatte die Geschäftsleitung verkündet.

Die Weihnachtsfeier war ein Großereignis, monatelang von einem Mitarbeiterkomitee geplant. Schon Tage vor der Feier war die Frage Nummer eins: „Was ziehst du an?" Als Andrea sagte, sie würde einfach wieder das Kleid vom letzten Jahr rauskramen, war Emer entsetzt: „*No way*, Andrea, das kannst du doch nicht machen!" Emers Freundin Saragh forderte Andrea auf, mit ihr und Emer nach der Arbeit in die Stadt zu gehen. Sie bräuchten selbst noch was zum Anziehen. „Sonst noch jemand ohne ein absolut umwerfendes

Outfit für die Party?", rief sie in die Runde. Shane antwortete, er hätte gern ein Paillettenkleid, sei sich aber bei der Farbe unschlüssig. Ob sie ihn nicht beraten könne.

„Em, well, wait a sec", Saragh tat, als müsse sie nachdenken. „Ich kann dir genau sagen, was dir steht: Nimm ein Kleid in Pink, das bringt deinen Teint besonders gut zur Geltung." Shane lachte. Er schwor auf Selbstbräunungscremes. Sein *fake tan* sah manchmal ziemlich fleckig aus.

„Danke für deine Hilfe, Saragh. Ich bin auch jederzeit für dich da, wenn du ..."

„Ah, I'm grand, like. Thanks."

„Schade, sonst hätte ich dir Lila empfohlen." Shane gab nicht auf. „Lila steht in tollem Kontrast zu deiner Haut. Wusstest du, dass sie manchmal grün anläuft, bevor das Gift aus deinem Mund kommt?"

„Oh, Shane. Gib dir keine Mühe. Wir nehmen dich nicht mit zum Einkaufen. Sei ein braver Junge und gib jetzt Ruhe, ja!?"

Shane seufzte. „All right, Mammy."

Wir feierten an einem Donnerstag, weil die gefragten Hotels an den Freitagen bereits ausgebucht waren. Nach der Arbeit gingen Maeve, Yasmina und ich mit zu Julie, die zentral *on the quays* wohnte. In ihrem 20-Quadratmeter-Bedsit breiteten wir unsere Klamotten aus, verglichen, gaben Tipps, tauschten. Plötzlich war ich wieder sechzehn und bereitete mich mit Freundinnen auf den Disco-Besuch am Samstag abend vor. Julie legte Partymusik auf und wir gaben die „Dancing Queen". Bevor wir das Haus verließen, machten wir noch Fotos von unseren „absolut umwerfenden Outfits". Ich hatte mich für ein glänzendes, türkisfarbenes Top und einen etwas dunkleren Rock entschieden. High Heels waren bei so einer Veranstaltung sowieso Pflicht. Auf dem Weg zur

Haltestelle, wo der Firmenbus halten sollte, betonte Julie noch ungefähr zehn Mal, wie großartig wir alle aussähen, und lobte jedes Detail vom Lidschatten bis zu den Strümpfen.

Nachdem wir das Lichtermeer der City verlassen hatten, schaukelten wir noch eine kleine Ewigkeit durch dünn besiedeltes, fast völlig düsteres Umland. Wo waren wir eigentlich? Mein Magen knurrte. Der Wind riss an den Bäumen und es hatte wieder angefangen zu regnen. Ich bezweifelte, dass Julies Hochsteckfrisur überleben würde. Schließlich fuhren wir durch ein großes, gusseisernes Tor in einen Park und hielten vor einem hell erleuchteten Schloss.

Das Hotel war ein Traum in Weiß und Gold mit herrschaftlicher Treppe. Ein Saal war für unsere Firma reserviert. Unser Bus war anscheinend der letzte gewesen, die meisten Kollegen standen bereits mit Sektgläsern in der Hand auf dem glänzenden Parkett. Das Licht der Kronleuchter spiegelte sich in den Gläsern, Haaren, Augen und Kleidern. Alle strahlten, die Atmosphäre war freudig aufgeladen. Die Kompetenzreibereien unter den Managern, die Konkurrenz der Teamleader um die besten Anruferzahlen, der Druck, der nach unten weitergereicht wurde, und der Frust der Agents durch die eintönige Arbeit – für einen Abend sollte alles vergessen sein. Die Männer klopften sich Hierarchie übergreifend auf die Schultern und rissen Witze. Die Frauen bewunderten sich gegenseitig in immer höheren Tönen. Zum ersten Mal fiel mir auf, wie stark die Stimmlage vieler Irinnen variierte, je nachdem, mit wem sie sprachen.

Die rechte Wand war verspiegelt. Links gab es eine kleine Bühne mit ein paar Instrumenten und einem DJ-Pult. Dazwischen standen große, runde Tische für je zehn Personen. Ich sah mir die Namensschilder an. Olli, Maeve, Johnny und ich saßen an einem Tisch, außerdem Arantxa und Carles, die ich aus dem Training kannte, und je zwei Franzosen und

Französinnen, die nach uns in der Firma angefangen hatten. Die Teamleader saßen bei den Managern.

Zunächst wurde eine kalte Fischplatte pro Tisch aufgetragen. Dazu spielte eine Band Swing und Jazziges. Dazwischen dankte Alan, der amerikanische Boss der Irland-Zentrale, den Mitarbeitern für die gute Arbeit im noch laufenden Jahr und wünschte allen „a wonderful time". Das Hauptgericht bestand aus „stuffed roast turkey with roast potatoes and a variety of vegetables". Mit Letzterem waren Brokkoli und Karotten gemeint, die fast nicht verkocht waren. Als die Teller abgetragen waren, eröffnete Dave vom HR die Spielphase. Bei *pass the orange*, einem Geschicklichkeits- und Kennenlernspiel, ging es darum, eine Orange unter dem Kinn weiterzugeben, ohne die Hände zu benutzen. Dabei kam man dem Gesicht von Leuten zentimeternah, die man höchstens vom Vorbeigehen kannte. Das anschließende Quiz zum Thema Weihnachtsfilme war auch ganz lustig, nur leider war unser Tisch ein Loser-Team. Die einzige Antwort, bei der wir uns alle sicher waren, stimmte leider auch nicht: Wer ist der Regisseur von „The Nightmare Before Christmas"? Tim Burton.

Nach dem Dessert (flambierter *plum pudding*) kam der eigentliche Teil der Party. Ein DJ spielte Disco-Klassiker und Hits aus den aktuellen Charts. Zunächst trauten sich nur ein paar Frauen aus der Verwaltung auf die Tanzfläche. Doch jeder wusste, viel Zeit war nicht. Um eins sollte hier Schluss sein. Bis dahin wollte man das Beste aus dem Abend rausholen. Bald darauf tanzte zwei Drittel der Belegschaft in Gruppen miteinander. Wer sich sträubte oder schüchtern war, wie die englische Sarah, wurde einfach mit ins Boot geholt. Ihr Widerspruch wurde lachend übergangen. Als die Stimmung auf dem Siedepunkt war, sollten wir wieder Teams bilden. Das dauerte etwas, weil manche überhaupt keinen Orientierungssinn mehr hatten. Dave und Andrea spannten ein Seil zwischen sich und meinten, jetzt werde Limbo getanzt. Letztlich wurde es eine Mischung aus Bauchtanz und kollektivem Seilhüpfen. Wir hatten auf jeden Fall eine Menge Spaß.

Puh, ich brauchte eine Pause. Die Franzosen saßen am einen Ende des Tisches, Johnny am anderen. Ich fragte Johnny, ob er nicht tanze. Er sagte, er hasse diese verblödende Kommerzscheiße – er meinte die Musik. Im Jahr zuvor sei genau derselbe Mist gelaufen, schon da habe er es kaum ausgehalten. „Und dann dieses We-are-family-Getue! Wenn ich nicht genau wüsste, dass sich alle das Maul darüber zerreißen würden, wäre ich gar nicht erst gekommen." *Jesus*, Johnny, dachte ich. Sei doch nicht so ein Spielverderber! Ich kam mir plötzlich irischer vor als der Ire neben mir. Was war schon dabei, mit Kollegen, die man täglich sah, einmal in Gemeinschaftsgefühl zu baden? Ich sagte aber nichts, rief stattdessen den Kellner und ließ uns Wein nachschenken.

Wer sich nach zwei Stunden Schlaf aufraffen konnte, erschien am Tag danach bei der Arbeit. Andrea dankte es uns mit einem kraftlosen Lächeln. Wir hatten bis halb zwei getanzt, dann drehte uns das Hotelmanagement den Strom ab. Bis die letzten torkelnden Kollegen in die Busse verladen, die Busse in der Innenstadt angekommen waren und sich viele von uns nach vergeblicher Suche nach einem Taxi zu Fuß auf den Weg in die Vororte gemacht hatten, waren Stunden vergangen. Maeve und ich waren schon fast in Artane, als ein Taxi aus der Gegenrichtung hielt. Zu Hause fiel ich dann total erschöpft, aber *happy* ins Bett. Noch nie hatte ich es erlebt, dass Kollegen derart ausgelassen miteinander feierten. Das Konzept der Firma schien aufgegangen: Ich fühlte mich am Tag nach der *Christmas party* viel besser im Schoß der Firma aufgehoben als vorher. Wenn Firmenfeiern hier immer so abliefen, war ich ab sofort ein Fan solcher Zusammenkünfte.

Am Montag darauf waren wieder so ziemlich alle Plätze besetzt. Normalerweise war der Montag der Tag, an dem sich bei einer Pause am Wasserspender oder in unserer Kantine ohne Kantinenservice ein Wettkampf entspann: Wer hatte am Wochenende mehr getrunken und Erstaunlicheres erlebt? Wer war länger unterwegs und in angesagteren Clubs gewesen? Wer hatte den schlimmeren Kater? Und wer fand eine besonders (irr)witzige Beschreibung für seinen erbarmungswürdigen Zustand? In dieser Disziplin besonders aktiv und ausdauernd waren die großen Jungs (nicht nur 25-Jährige, auch definitiv postpubertäre 45-jährige Familienväter). Aber auch die Mädels zogen mit.

An diesem Montag gab es gleich doppelten Stoff zu bequatschen. Ich machte gerade mit Maeve, Yasmina und meinem Weißkohl-Thunfisch-Sandwich Mittagspause, als Julie den Pausenraum betrat. Maeve hatte mir eben eröffnet, dass sie sich zur Führerscheinprüfung angemeldet hatte. Ich fiel aus allen Wolken und fragte, ob ich die ganzen Wochen mit ihrer Zwillingsschwester im Auto gesessen hätte oder ob sie lebensmüde sei und mich da mit reinziehen wolle.

„Janet, beruhige dich." Maeve war die Ruhe selbst, wie immer. Ob mir denn das rote L für *Learner* an der Front- und Heckscheibe des Autos nie aufgefallen sei? Na ja, schon, aber … Sie habe bisher nur einen provisorischen Führerschein, für den man einen Seh- und Theorietest, aber keine Fahrprüfung bestehen müsse. Nach den ersten zwei Jahren, während der sie nur in Begleitung von jemandem mit einem voll gültigen Führerschein *(full driving licence)* fahren durfte, kamen zwei Jahre, in denen sie alleine fahren durfte. „Die sind jetzt bald vorbei und das Provisorium wird nicht verlängert, wenn ich mich nicht zur Fahrprüfung anmelde", erklärte sie.

Julie mischte die Soße in ihren Salat, gähnte und meinte, sie verstehe nicht, wozu man in Dublin überhaupt ein Auto brauche. „Das Geld, das man da reinsteckt, kann man doch viel besser anlegen." Sie lachte. „Folks, ich hatte so ein geniales Wochenende! Am Freitag waren wir in einem Club, da lief so coole Musik, da müssen wir mal zusammen hingehen." Sie seien mit Kollegen von Marc, ihrem Freund, dort gewesen. „Wir haben ohne Ende getanzt und ich war so betrunken! ‚T was deadly."

„Und wie war euer Wochenende?", fragte sie. Ich erzählte, dass Alex und ich am Sonntagabend in einer neuen Tapas-Bar gewesen waren. Emer, die sich zu uns gesetzt hatte, klärte uns gleich darüber auf, dass das Essen dort noch viel besser und die Portionen größer seien als in der Tapas-Bar ein paar Straßen weiter. Ach ja, und die Pächter seien keine Spanier, sondern Italiener. Das alles wusste sie von einer Freundin, sie selbst war noch nicht dort gewesen.

„Was habt ihr gegessen?", „Was stand sonst noch auf der Karte?", „Wie war die Bedienung? Was habt ihr bezahlt?" Julie und Emer wollten alles wissen. Kurz bevor wir zurück an die Telefone mussten, stieg auch Maeve, die so gut wie nie ausging, ins Gespräch über Tapas ein.

***

Die Frau war völlig verzweifelt. Sie habe das Paket doch schon vor einer Woche abgeschickt. Da sei frischer Stollen drin und andere Lebensmittel, von den Geschenken einmal abgesehen. Ihre Tochter in Marseille warte seit Tagen darauf. „Und heute ist Heiligabend. Tun Sie doch was!" Ich versuchte ihr zu erklären, dass laut Computer-Info der Fahrer das

Haus ihrer Tochter nicht gefunden habe, und bot ihr an, eine Wegbeschreibung mit dem Vermerk „Dringend!" weiterzuleiten. Mehr könne ich im Moment leider nicht tun. Nein, ich könne den Fahrer leider nicht anrufen – dass wir in Dublin saßen, wussten die meisten Kunden nicht, und wir rieben es ihnen auch nicht unter die Nase – und nein, ich könne nicht garantieren, dass er heute noch einmal vorbeifährt. Enttäuscht, aber ein bisschen ruhiger fragte sie nach meinem Namen und wir legten auf.

Dann rief erst mal niemand mehr an. Eigentlich war es ganz angenehm, an Heiligabend zu arbeiten. Die Halle war halb leer und somit ziemlich ruhig. Am Telefon hatte man meist Problemfälle, aber die Kunden waren dankbar, dass sich heute überhaupt jemand ihrer annahm. Am Nachmittag rief die Frau mit der Tochter in Marseille noch mal an. Andrea stellte sie mir durch. Die Frau klang jetzt froh. Sie sagte, sie wolle sich bei mir bedanken. Soeben habe ihre Tochter das Paket erhalten und der Stollen sei auch noch heil. „Also vielen herzlichen Dank für Ihre Mühe und dass Sie sich darum gekümmert haben. Und frohe Weihnachten!"

Auf dem Weg nach Artane war es feierlich ruhig. Nur noch Kioske und kleine Läden waren geöffnet. Zu Hause schmückten Till, Alex und ich den Baum. Mit Mühe hatten wir am letzten Wochenende überhaupt noch einen aufgetan. Es war alles ein bisschen improvisiert. Die Tanne stand leicht wackelig auf einem Holzkreuz, und statt meines alten Christbaumschmucks hängten wir ein Sammelsurium aus Anhängern, die uns beim Weihnachts-Shopping in die Hände gefallen waren, an den Baum. Weil er dann immer noch nackig aussah, holte ich noch Schmuck von mir und Murielle.

Wir waren eine Familie für einen Abend und hatten es richtig gemütlich. Bei Kerzenschein und Kaminknistern aßen wir Schweinemedaillons mit Käsesoße und Nudeln und zum Nachtisch Mousse au Chocolat. Dann ließen wir die *Christmas crackers* knallen. Jedes Knallbonbon enthielt eine Papierkrone, ein oft undefinierbares Plastikspielzeug und einen Papierstreifen mit einem Witz. Auf meinem stand: „Why was Santa's little helper depressed? Because he had low 'elf-esteem." Alex hatte einen mit „When I was in the supermarket I saw a man and a woman wrapped in a barcode. I asked: ‚Are you two an item?'".

Am nächsten Morgen war es ungewöhnlich hell. Schnee!!!! Nur ein paar Grashalme lugten aus der weißen Fläche hinterm Haus hervor. Und es schneite weiter! Ich musste sofort raus. Alex schlief noch und Till war im Bad. Ich zog mich notdürftig an und lief auf Zehenspitzen – dieses Haus war einfach schrecklich hellhörig – in den Garten. Es war absolut still. Kein Wind, kein Regengeprassel, kein Motorenlärm, kein Kindergeschrei von nebenan. Die Kastanien trugen federleichte, weiße Hauben, die beim ersten Windstoß sicherlich weggefegt werden würden. Welch kostbare Schönheit! Ganz langsam ging ich im Garten herum und ließ den Schnee unter meinen Sohlen knirschen, bis ich Till in der Küche Frühstück machen sah.

Von unserem Panorama-Wohnzimmerfenster aus war gegen Mittag immer noch keine Menschenseele zu sehen. Wahrscheinlich fand bei unseren Nachbarn gerade die Bescherung statt. Wir hatten ein paar *Father Ted*-Videos ausgeliehen – genau das Richtige für einen entspannten Feiertag. Die Sitcom um drei schräge Priester in der irischen Provinz, die mit messerscharfen Sprüchen um sich warfen, sagte mehr über die irische Volksseele aus als so manche Reportage. *Father Ted* – übrigens eine Produktion der BBC – reflektierte die öffentliche Diskussion zu der Zeit, in der die drei

Staffeln entstanden (1995–1998), und regte sie gleichzeitig an. Die Serie war das Lustigste, was ich in Irland im Fernsehen gesehen hatte, und ist bis heute Kult.

Father Ted war ein intelligenter Mann und der Einzige von den dreien, der die Religion einigermaßen ernst nahm. Sein Kollege Jack saß meist stumm im Sessel und trank Unmengen an Alkohol. Wenn er den Mund zum Reden aufmachte, dann nur, um die schlimmsten Flüche auszustoßen. Der dritte im Bunde, Father Dougal, war 25, hatte einen IQ von ... vielleicht ebenfalls 25 und glaubte weder an die Auferstehung noch an das ewige Leben, dafür aber an die unglaublichsten Kreationen seiner ausufernden Fantasie. Die drei waren auf Craggy Island, einen fiktiven Ort im Westen Irlands, verbannt – Father Ted, weil er im Verdacht stand, mit Spendengeldern nach Las Vegas gereist zu sein, Gelder, die ein krankes Kind nach Lourdes hätten bringen sollen. Ebenfalls gewöhnungsbedürftig war die verrückte Haushälterin Mrs. Doyle.

In den Folgen wurden unterschiedliche Themen aufs Korn genommen, oft die katholische Kirche. In „A Christmassy Ted" verirren sich Ted und Dougal auf der Suche nach einem Weihnachtsgeschenk für Mrs. Doyle in Irlands größter Wäscheabteilung. Dort treffen sie auf andere Priester, die nicht mehr herausfinden. Ted fürchtet um den Ruf der Kirche, schafft es dann aber, die Priester in Agenten-Manier unbemerkt und nervlich relativ unversehrt hinauszuführen. In einer anderen Folge stuft der Vatikan den *Holy Stone of Clonrichert* in seiner Heiligkeit um eine Stufe herauf. Um die Zeremonie durchzuführen, kommen drei Bischöfe nach Craggy Island. Ted verbietet Jack, „drink", „feck" und „girls" vor dem Besuch zu sagen, und trichtert ihm Sätze ein wie: „Das wäre eine ökumenische Frage." Bis zur geplanten Abreise der Bischöfe gerät der heilige Stein an einen ganz und gar unheiligen Ort, einer der Bischöfe wird zum Hippie und einer stirbt – die Toilettenspülung war falsch eingestellt.

Auch der Father-Ted-Darsteller starb auf ungewöhnliche Weise. Nur 24 Stunden, nachdem die dritte Staffel abgedreht worden war, erlag Dermot Morgan mit 45 Jahren bei einer Dinner-Party in seinem Haus einem Herzinfarkt. Wie so viele irische Nationalhelden hat auch er sein Denkmal. Ein „Jokers Chair" auf dem Merrion Square ist ihm gewidmet.

Am Nachmittag kam die Sonne raus und ich fühlte mich wie der privilegierteste Mensch auf der ganzen Welt: Schnee und Sonne an Weihnachten in Irland! Alex und ich beschlossen, im St. Anne's Park spazieren zu gehen. Der Park zwischen Artane und der Bucht war meist, von ein paar Hundebesitzern abgesehen, menschenleer. Neben riesigen Grünflächen und Waldstücken beherbergte er einen Rosengarten, einen Golf- und einen Tennisplatz. Die große Allee, die den Park durchzog, war auch heute mit Eltern und Großeltern, die Kinder auf Schlitten zogen, und einigen Paaren am belebtesten. Ein Trampelpfad führte an einem Bach entlang zu einer romantischen Ruine. In den Stein war eine Inschrift geritzt, die besagte, dass ein Mitglied der Guinness-Familie hier anlässlich der Geburt seines ersten Kindes einen Turm und eine Brücke hatte bauen lassen. Der Park und noch viel mehr Land drum herum hatten einst der mächtigen Brauer-Dynastie gehört. Etwa 500 Meter hinter dem alten Torbogen glitzerte das Wasser in der Bucht. Aufs offene Meer konnte man jedoch nicht sehen. Hinter einer viel befahrenen Straße lag eine inselgroße, langgezogene Sandbank, auf der sich seltene Vogel- und Pflanzenarten tummelten. „Bull Island" soll das einzige von der UNESCO anerkannte Biosphärenreservat innerhalb eines Stadtgebiets sein.

Am zweiten Feiertag war fast der ganze Schnee geschmolzen. Als wir bei Paul und Mary klingelten, saßen Pauls Eltern und Marys Freundin Lisa im Wohnzimmer, die Kinder waren oben. Mary servierte Tee und *minced pies*, leckere, mit kandierten Früchten gefüllte Küchlein, die warm gegessen wurden. Auch von Alex' selbst gebackenen Zimtsternen waren alle hellauf begeistert.

Wie sich herausstellte, waren die hier Versammelten nicht nur patriotische *northsider*, sondern lebten auch ganz in der Nähe. Pauls Eltern erzählten, die gesamte Gegend habe früher den *Christian Brothers* gehört. Das war, als Kirche und Staat in Irland praktisch noch eins gewesen waren, bevor die Kirche einen Großteil des Landes an private Investoren und die Stadt verkaufte; und bevor die *Industrial School* nebenan, das gruselige Gebäude hinter der hohen Mauer, 1969 geschlossen wurde. Till fragte, ob die Schließung in Zusammenhang mit den aufgedeckten Missbrauchsfällen stand, von denen er gehört habe.

„Err, well, yes", meinte Paul, und seine Eltern blickten betreten drein. Ursprünglich seien die *Industrial Schools* gegründet worden, um verwaiste und vernachlässigte Kinder aufzunehmen, vom Ansatz her ja eine gute Sache, so Paul. Traditionell wurden die staatlichen Schulen in Irland von Priestern beziehungsweise Nonnen betrieben und die zahlenmäßig viel unbedeutenderen Privatschulen von Protestanten. Von daher auch die Einteilung in so genannte katholische und protestantische Sportarten: An katholischen Schulen wurde überwiegend traditioneller irischer Sport wie *hurling* (eine Art sehr schnelles Hockey; bei Frauen *camogie* genannt) und *(Gaelic) football* (die beliebteste Sportart Irlands; „Fußball mit Händen" und 15 Mann pro Mannschaft) gespielt, an Privatschulen bis heute *cricket, rugby* und *soccer*.

Paul war der Ansicht, die *Industrial Schools* seien für die irische katholische Kirche vor allem ein gutes Geschäft gewesen. Da es nicht genügend Waisen gab, wurden bald Kinder von Paaren, die sich getrennt hatten, zwangsweise eingewiesen.

„Offiziell durfte es ja keine Trennungen geben", ergänzte Lisa. Die Scheidung wurde in Irland erst 1997 legalisiert. Die Institutionen erhielten vom Staat pro Schüler eine stattliche Summe für Ernährung, Kleidung und Erziehung. Erst sehr viel später, als die ersten ehemaligen Schüler an die Öffentlichkeit traten und von Demütigungen, Schlägen und sexuellem Missbrauch in den Internaten erzählten, wurde nach und nach das ganze Ausmaß des Elends aufgedeckt.

„Heute sitzen die meisten Christian Brothers im Gefängnis oder sie sind tot." Pauls Mutter klang, als wäre sie nicht sicher, ob sie sich darüber freuen sollte. „Man darf auch nicht vergessen, was die Kirche für uns getan hat. Sie half den Armen, baute günstige Häuser, gründete Schulen, Gemeindezentren, all das." Vom Staat hätten die einfachen Leute in all den Jahren ja nichts zu erwarten gehabt.

„Ja, aber zu welchem Preis! Du weißt, wie es war." Pauls Vater klang eher müde als kämpferisch. Seine wässrig-blauen Augen blickten matt, aber freundlich durch eine goldene Metallbrille. „Sieh uns doch an. Nie ging es uns so gut wie heute. Wir können frei atmen. Wir gehen in die Kirche oder eben nicht. Jeder tut, was ihm gefällt."

Dem Gesichtsausdruck seiner Frau nach zu urteilen, fand sie das nicht so toll. Offenbar bezeichneten sich zwar alle in der Familie als auf die eine oder andere Art gläubig, in die Kirche musste sie jedoch immer alleine gehen.

Immerhin hätte es ohne die *Artane Industrial School* auch nie die *Artane Boys Band* gegeben, erklärte Pauls Mutter (ich glaube, ihr Name war Joy). „Und vielleicht hätte es ohne die *Boys Band* nie U2 gegeben."

Protest erhob sich. Mary fragte uns, ob wir wüssten, warum die *Artane Boys Band* so bekannt sei.

Absolutely no idea.

Die Band war eine Marschmusikkapelle und irlandweit bekannt. Eigentlich hieß sie jetzt *Artane Band*, weil seit ein paar Jahren auch Mädchen mitmachen durften. Die Artane Boys Band stimmte die *Gaelic-football-* und *hurling*-Fans seit über hundert Jahren im Nationalstadion *Croke Park* mit „Molly Malone" oder „Dublin in the rare auld times" auf die Spiele ein.

„Für Fans steht die Band für Feierstimmung bei den Spielen", meinte Paul und klang gerührt, obwohl er immer noch im Wohnzimmer und nicht auf der Zuschauertribüne saß.

„Kein Grund zu weinen, *darling*." Und zu uns gewandt sagte Mary: „Ich glaube, für jeden irischen Mann ist ein Spiel in *Croke Park* das absolute Nonplusultra-Erlebnis."

„Darauf kannst du wetten." Pauls melancholischer Fünf-Sekunden-Trip war offenbar vorbei. „Und für viele Frauen auch. Eigentlich wird jeder, der ein bisschen was von irischer Geschichte weiß, in *Croke Park* zum Nationalisten. Zumindest für die Zeit des Spiels."

„Ja, in das Geblöke der Herde stimmt man in Irland gerne ein", sagte seine Frau lächelnd.

„Bollocks! Just shut it, pleease." Wenn es um Sport ging, verstand Paul keinen Spaß. Er erklärte uns, dass die *Gaelic games* dafür stehen, wie die Iren sich selbst sehen. Der Boden in *Croke Park* bestünde teilweise aus Schutt von Gebäuden aus der O'Connell Street, die beim Osteraufstand 1916 zerstört wurden. Und die Briten eröffneten im Stadion 1920 während eines *Hurling*-Spiels das Feuer auf Spieler und Zuschauer. Elf Menschen starben. „Ihr könnt euch vorstellen, mit welchen Gefühlen die Spiele dort aufgeladen sind und welch hohes Ansehen die Mitglieder der *Artane Band* dementsprechend genießen."

Und was hatte das alles mit U2 zu tun?

„Ach ja, Larry Mullen, der *drummer* von U2, war Mitglied der *Artane Boys Band*, allerdings nicht lange, glaube ich." Pauls Mutter tauchte in die Vergangenheit ab. „Er wuchs in der Rosemount Avenue auf, ihr wisst schon, bevor man zum St. Anne's Park kommt. Heute lebt er aber mit seiner Familie in Howth. Ein Onkel von ihm – oder war es ein älterer Cousin, Jack? – hat mit meinem Mann bei der Bahn gearbeitet."

Jack wusste offenbar nicht, von wem die Rede war. „Meinst du den Buckligen oder den mit dem Klumpfuß?" Er lachte. Joy verdrehte die Augen. Und zu seinen Söhnen gewandt sagte Jack: „Eure Mutter erinnert sich an Leute, die vor dreißig Jahren ein paar Meilen von uns entfernt wohnten. Aber an unsere erste richtige Verabredung erinnert sie sich nicht."

„Was hat das nun damit zu tun?" Joy hielt sichtlich wenig von dieser Wende zum Privaten. „Wie soll ich das heute noch wissen? Wir kannten uns ja schon jahrelang."

Soviel ich verstand, war Jacks Schwester damals Joys beste Freundin.

„Anyone hungry?" Als Mary uns anbot mitzuessen – vom Truthahn sei noch genügend übrig –, brachen wir auf. Marion würde gleich zu uns zum Essen kommen. Marys Kinder hatten wir nicht zu Gesicht bekommen. Ich wollte ihnen wenigstens noch unsere Geschenke übergeben und ging nach oben. Als ich die Tür zu Ciarans Zimmer öffnete, sahen einige der Kids, die dort saßen, auf. Die anderen, schätzungsweise im Alter zwischen drei und zwölf, starrten weiter auf den Bildschirm, auf dem ein möglicherweise pädagogisch nicht ganz einwandfreies Konsolenspiel lief. Marys

Kids bedanken sich brav, und ich ging schnell wieder nach unten.

Dann war Weihnachten auch schon fast wieder vorbei. Am Abend machten wir uns Sauerbraten mit Klößen. Das Pulver für die Klöße hatte meine Mutter im Weihnachtspaket mitgeschickt. Dieses Paket war zum Glück nicht wie das vorherige nach Deutschland zurückgegangen. Zum Nachtisch gab es Flan – ein himmlischer Abschluss eines der schönsten Weihnachtsfeste, die ich seit meiner Kindheit hatte.

Unsere Silvesterparty verlief anders als geplant. Hauptsächlich deswegen, weil kaum Leute kamen, die wir kannten, was wiederum daran lag, dass fast alle Ausländer nach Hause geflogen waren und die Iren, die wir kannten, mit ihren Freunden feierten.

Wir hatten uns Andreas Rat zu Herzen genommen und auf die Einladung „Bring your drink" geschrieben. Bei den hiesigen Preisen für Alkoholika sei das die beste Möglichkeit, sich Schnorrer vom Hals zu halten, hatte sie gesagt. Diesmal hatte ihre Theorie versagt. Das Erdgeschoss war voller Franzosen, selbst Alex hatte fast keinen von ihnen zuvor gesehen. Sie plünderten den Vorrat – natürlich hatten wir doch ein Fass Bier und andere Getränke gekauft –, legten ihre Musik auf und zeigten kein Interesse an neuen Kontakten.

Als Yasmina mit ein paar Afrikanern auftauchte, besserte sich die Stimmung: Auch Marion, Till, Frédo, Alex und ich gerieten mehr in Feierlaune. Fast hätten wir den Beginn des neuen Jahres verpasst. In Deutschland war es da schon eine Stunde alt. Hier hörte man kaum Knaller und sah kaum Feuerwerk am Himmel, vielleicht wegen der hohen Luftfeuchtigkeit. Nach Mitternacht kamen Mary und Paul mit einem Red-Bull-Mix im Glas aus dem Haus und wir stießen an.

„Happy New Year, Mary! A great year to you, Paul."

„Hey, Nachbarn, bereitet euch auf ein großartiges Jahr vor!"

„Das tun wir, Paul. Bist du auch bereit?"

„Sicher. Ich habe schon mein Baguette und meinen Camembert eingepackt. Es kann also losgehen. Dieses Jahr will ich euch endlich beim Pubquiz sehen – und besiegen."

„Träum weiter, Paul. Ihr hättet keine Chance."

„Sláinte everyone!"

„Cheers, Mary!"

„Prost!"

„Santé!"

„What the hell ..."

„Alles in Ordnung?"

„Sure. I'm grand. It's nothing."

„Good man."

„Kommt ihr auf einen Drink zu uns rein?"

„Warum nicht, die Kinder schlafen."

„Well, then."

Die Party war gerettet.

Januar – Guinness is good for me

Fürs neue Jahr hatten Alex und ich uns vorgenommen, erstens eine Wohnung zu finden und zweitens auch am Wochenende früher ins Bett zu gehen und früher aufzustehen, um drittens mehr Kraft und Muße für Stadterkundungen zu haben. Nach den ersten Monaten, in denen die banalsten Dinge ein Abenteuer gewesen waren, stand uns nun verstärkt der Sinn nach Kunst und Geschichte. Außerdem hatten sich Freunde aus Deutschland fürs Frühjahr angekündigt, und ich fand, es wäre nicht schlecht, wenn wir ihnen außer der Hauptpost noch ein, zwei Sehenswürdigkeiten mehr zeigen könnten.

Praktischerweise ließen sich Wohnungsbesichtigung und Stadterkundung ganz gut verbinden. Schon die erste Wohnung, die wir besichtigten, führte uns in ein Viertel, das ich bis dahin nur vom Auto aus kannte. Smithfield war ein altes Marktviertel in der nordwestlichen Innenstadt. Maeve hielt dort manchmal vor einem Betonklotz, der als Markthalle diente, wenn sie nach der Arbeit ein paar Steigen Obst und Gemüse für ihre Mutter abholte. Die Halle und der kahle Platz davor lagen inmitten eines Gewirrs aus Gassen mit Einfamilienhäusern, für die Smithfield lange berüchtigt gewesen war: klein, feucht, düster. Mietwohnungen hatte es hier, abgesehen von ein paar schaurigen Sozialsiedlungen, kaum gegeben. Bis dringend Wohnraum für die Einwanderer her musste. Ende der 1990er entdeckten die Dubliner Stadtverwaltung und Baufirmen Teile der *northside*, unter anderem das zentral gelegene Smithfield, als Investitionsfläche.

Man hoffte, hier statt Working-Class-Dublinern und Arbeits-losen bald Yuppies ansiedeln zu können. Die „Verjüngung" des Viertels begann.

Der Vermieter der Zweizimmerwohnung („newly reno-vated one bedroom flat") hatte uns für halb elf am Sonntag-vormittag einbestellt. Der Bus war pünktlich in Artane – kaum Verkehr um diese Uhrzeit –, so dass wir schon um halb zehn auf der O'Connell Street waren. Außer uns nur ein paar Jugendliche in Nylon-Trainingsanzügen und Tramper-Ruck-sack-Träger. Der Blick war frei, auch auf die vielen Statuen. Vor uns der *Spire*, eine 120 Meter hohe, glänzende Stahl-nadel, die das neue Irland repräsentieren soll. Anderthalb Jahrhunderte lang hatte an genau derselben Stelle eine Nel-son-Säule, im Volksmund nur The Pillar genannt, gestan-den. 1966 fiel sie einer Bombe der IRA zum Opfer.

Es war noch dunstig, die Liffey lag ruhig da. Ich konnte mich nicht erinnern, einmal ein Boot oder Schiff auf dem Fluss gesehen zu haben. Möwen kreisten über dem Wasser. Ihr Kreischen hallte die Kaimauern entlang. Wir gingen auf der Nordseite entlang in Richtung Westen. Bis die O'Connell Street nach der Fertigstellung der O'Connell Bridge im Jahr 1794 Dublins Hauptverkehrsader wurde, hatte das Stadt-zentrum weiter westlich gelegen. Als der protestantische Adel im 18. Jahrhundert zu Geld gekommen war und in ele-gante Privathäuser und repräsentative öffentliche Gebäude, aber auch in neue Straßen und Parks investierte, konnte dies nicht innerhalb des engen mittelalterlichen Stadtkerns rund um Christ Church Cathedral und St. Patrick's Cathedral ge-schehen (die übrigens beide seit der Reformation und bis heute zur anglikanischen Church of Ireland gehören). Man wich zunächst auf die Nordseite des Flusses aus. Kaum mehr vorstellbar, dass der Parnell Square und insbesondere der zwei Kreuzungen weiter östlich gelegene, heute herun-

tergekommene Mountjoy Square zu Beginn der Georgianischen Periode zu den begehrtesten Wohngegenden Dublins
gehörten. Die britischen Könige George I. bis George IV.
regierten von 1714 bis 1830. Aber auch davor und danach
wurde im eleganten *Georgian style* gebaut.

Schon vor dem Erlass des *Penal Code* 1695, der den Katholiken die meisten Bürgerrechte absprach, waren Tausende
Katholiken in Folge von Enteignungen und anderen Schika-
nen vom Land nach Dublin geströmt. Als sich um ihre reprä-
sentativen Bauten Slums bildeten, zog die protestantische
Aristokratie wieder südwärts und besiedelte ab Mitte des
18. Jahrhunderts eine Gegend, die noch völlig unerschlossen
war. Es entstanden die Plätze und Straßenzüge, die heute
fürs *Georgian Dublin* stehen: Merrion Square, St. Stephen's
Green und Fitzwilliam Square.

Die vier- und fünfgeschossigen Häuser auf dieser Höhe
der *quays* hätten in einer noch schmaleren Version auch an
einer Amsterdamer Gracht stehen können. Manche waren
gelb, hellblau oder weiß getüncht, andere zeigten ihr unge-
schminktes Backstein-Gesicht; einige waren frisch renoviert,
andere so verstaubt, dass die Fensterscheiben keinen Blick
ins Innere zuließen. Auf der Höhe der Halfpenny Bridge, wo
unter der Woche Laster entlangdonnerten oder der Verkehr
stockte, rangierte an diesem Morgen ein Lkw von Guinness
mit vielleicht hundert Fässern auf der Ladefläche. Männer
rollten leere Fässer aus den umliegenden Pubs heran und
tauschten sie gegen volle aus. Die filigrane, nostalgisch anmutende Ha'penny Bridge ist eine von Dublins meistfoto-
grafierten Sehenswürdigkeiten. Ihren Namen verdankt sie
dem halben Penny, den es einst kostete, hier den Fluss zu
überqueren. Heute ist sie, neben der O'Connell Bridge, die
für Fußgänger wichtigste Verbindung zwischen den Ufern.
Als wir schließlich hinter *Four Courts*, dem Sitz des obersten

Gerichts der Republik, um die Ecke bogen, fanden wir statt eines ersehnten Cafés zum Verschnaufen gruselige Wohnblocks und rot angestrichene *two-up, two-down houses* (die klassischen Backsteinhäuschen), nigelnagelneue Bürokomplexe, die sich bis zur nächsten Kreuzung zogen, und Luxusapartmenthäuser mit privatem *carpark*. Dazwischen Kräne auf Baustellen, Schutt in Containern oder einfach auf dem Gehweg und ein paar Lebensmittelläden und Werkstätten. An Ausschlafen war in dieser Gegend wohl nicht zu denken.

Das Haus, in dessen Souterrain wir den schlaksigen Makler Larry und drei weitere Interessenten trafen, sah von außen – und dann auch von innen – aus wie ein Zwergenhaus. Ein Jammer, dass in irischen Wohnungsanzeigen keine Quadratmeter angegeben waren. Noch abschreckender als die winzigen Räume war jedoch die Tatsache, dass fast die ganze Wohnung grün war. Ich will gar nicht aufzählen, was tannengrün, was olivgrün, hellgrün oder in Erdtönen gehalten war – selbst die altmodische Einbauküche war lindgrün, und auf dem Bild über dem Sofa spazierten Landbewohner über grüne Hügel. Wer auch immer diese Wohnung eingerichtet hatte, liebte die Farben der irischen Landschaft wohl so sehr, dass er oder sie die Natur ins fast baumlose Smithfield holen wollte.

Fast alle Dubliner Wohnungen wurden möbliert vermietet, praktisch für junge Ausländer, die nicht wissen, wie lange sie bleiben. Allerdings half die Einrichtung nicht gerade dabei, sich hier zu Hause zu fühlen. Während sich junge Leute weltweit mit Ikea- oder Designermöbeln eindeckten, saß man in Dublin in kompakten, farblich oft düsteren Sitz- und Essecken, die wie eine Billigversion klassischer englischer Möbel wirkten. Dabei waren sie nicht billig. In einem Land, in dem der Waldbestand nur fünf Prozent der Vegetation ausmacht, weil in früheren Epochen exzessiv gerodet wurde, ist

Holz teuer. Vielleicht kam es den Iren deshalb vor allem darauf an, dass ihre Möbel robust waren. Wahrscheinlicher war, dass man in einem Land ohne nennenswerte Immigration, ohne Design-Tradition und ohne eine einzige Ikea-Filiale – die erste auf der Insel wurde im Dezember 2007 in Belfast eröffnet – lange einfach nicht auf die Idee gekommen war, anders wohnen zu wollen, als man es gewohnt war. Seit die Welt nach Irland kommt, hat sich auch die Wohnkultur verändert. Immer mehr Iren mit gutem Einkommen lassen sich in den neuen *home stores* und Designerläden beraten. Außerhalb der City florieren die großen Möbelmärkte, und speziell auf der *northside* gibt es weiterhin kleine Möbelgeschäfte und Schreiner, die Einzelstücke anfertigen.

Wer im Jahr 2008 durch Dublins Zentrum geht, hört binnen einer Stunde mehr Sprachen als in jeder deutschen Großstadt. Das liegt daran, dass sich in dem kleinen Zentrum alles ballt und sich herkunftsspezifische *communities* zwar gebildet haben, aber längst noch nicht so etabliert und damit geschlossen sind wie in älteren Einwanderungsländern. Und es liegt an der schlichten Tatsache, dass heute mindestens jeder zehnte Einwohner Dublins in Polen, Spanien, Russland, der Slowakei, in Indien, Nigeria, Deutschland, Litauen oder China geboren wurde. Mandarin-Chinesisch und Polnisch sind neben dem irischen Englisch die meistgesprochenen Sprachen.

Die zweite Wohnung, die wir uns ansahen, lag im bunt durchmischten Rathmines auf der *southside*. Wegen der hohen Anzahl an *bedsits* und *flats* für Studenten und junge Arbeiter galt Rathmines insbesondere in den 1960er und 1970er Jahren als Dublins *flatland*. Heute leben in dem begehrten Wohnviertel Asiaten, Afrikaner und Iren, Junge und Alte, Arme und Wohlhabende. Luxuriös sanierte Villen stehen nicht weit entfernt von verfallenen Nachkriegsbauten. Yasmina wohnte in einem Multikulti-Haus, wie es in ihrer Nachbarschaft einige gab. Im ersten Stock teilten sich polnische und litauische Handwerker und Bauarbeiter drei Zimmer; Yasmina und drei Studenten (darunter zwei Iren) wohnten in den zwei Zimmern im Erdgeschoss. Yasminas Zimmergenossin, eine Iranerin, studierte am renommierten UCD (University College Dublin) *economics*. Eine kleine Umfrage bei einem Besuch ergab, dass die Bewohner dieses Hauses alle der Meinung waren, ihnen hätte nichts Besseres passieren können, als genau zu diesem Zeitpunkt in dieser *fun-loving city* zu sein und entweder jede Menge Geld zu verdienen (die Leute vom Bau) oder die Weichen für ihre Zukunft zu stellen (die anderen) und nebenbei Party zu machen.

Wir gingen vom Zentrum aus zu Fuß nach Rathmines. Das Getröpfel, das noch kurz zuvor auf uns niedergegangen war, hatte aufgehört. Es war relativ warm. „Gleich gibt es ein Sommergewitter", witzelte Alex. Ich hielt das durchaus für möglich. Kein Wunder, dass die Iren so wenig planten. In Irland konnte einem so viel dazwischenkommen: Regen, ein Stau, ein Kater oder ein Hungeranfall, wie ihn Alex schon auf halber Strecke vom *City Centre* nach Rathmines bekam. Bevor er umkippte, gingen wir schnell in das amerikanisch anmutende „Bobo's Burgers – Gourmet Irish Burgers" und bestellten zwei BLTs (bacon lettuce tomato). Wir nahmen an der Bar Platz und sahen der jungen irischen Bräterin zu. Sie legte die rundlichen, rohen Hackfleischportionen auf den Herd und nahm ein Gewicht zur Hand, wie man es von alten Waagen kennt, nur größer und breiter. Damit drückte sie die Fleischklopse platt.

Draußen auf der Camden Street ging es etwas ruhiger zu als im innersten Innenstadtbereich. Hier in der Gegend hätte ich auch gerne gewohnt. Es gab kleine Cafés, Bistros, Pubs und Imbisse neben Geschäften für Wäsche oder Künstlerbedarf, Änderungsschneidereien, einem Zentrum für gesunde Ernährung, einem Charity-Shop einer Anti-Krebs-Stiftung sowie Ramsch-Geschäfte mit Schrubbern, Jesus-Figuren und Handtuchhaltern. Die irische untere Mittelschicht, die in angrenzenden Werbeagenturen und Ateliers arbeitenden jungen Kreativen und die Anzugträger aus den Personalagenturen und Kanzleien der Harcourt Street deckten hier ihren Bedarf an Alltäglichem.

Das angrenzende Portobello war in der ersten Hälfte des 20. Jahrhunderts das Zentrum jüdischen Lebens in Irland gewesen. Die „Bretzel Bakery" war ein Relikt aus dieser Zeit und einige der wenigen Bäckereien in Dublin überhaupt. Leider war sie gerade geschlossen. So mussten wir ohne Danishs (Kopenhagener), Mandelschnittchen und Bagels unseren Weg fortsetzen.

Hinter der Portobello Bridge begann endlich Rathmines. Irgendwie hatten wir uns verschätzt, so kurz war der Weg doch nicht. Die Brücke führte über den berühmten Royal Canal. Wie der Grand Canal im Norden, so bildet der Royal Canal im Süden die Grenze von *Dublin's inner city*.

Autsch, meine Füße taten weh. War wohl keine gute Idee, meine neuen, im *Sale* erworbenen Stiefel anzuziehen. Sehnsüchtig blickte ich ein paar Radfahrern hinterher. Die meisten trugen Helme – in Anbetracht der Fahrgewohnheiten von Auto- und Busfahrern nicht verwunderlich. In den letzten Jahren haben immer mehr Dubliner das Radfahren für sich entdeckt. So viele Radler wie in deutschen Universitätsstädten gibt es aber längst noch nicht.

Das Stadthaus lag in einer vornehmen Seitenstraße der Rathmines Road. Geschäfte, Bushaltestelle und ein potentielles Stammcafé gleich um die Ecke. Das Haus sah sehr gepflegt aus; die Frau, die öffnete, auch. Mrs. Ross war um die fünfzig und wohnte mit Mr. Ross im Erdgeschoss, die zwei Geschosse darüber hätten sie vermietet. „Außer im Sommer, wenn unsere Kinder mit ihren Familien zu Besuch kommen."

Hieß das, dann müssten wir ausziehen?!

Mrs. Ross führte uns die knarrende Treppe hoch. Die Zimmer im ersten Stock würden demnächst frei. Vom schmalen Flur gingen drei Türen ab: ein Wohnzimmer mit großer Kochnische, ein Schlafzimmer und ein Bad. Alles einigermaßen ansehnlich, aber dies war keine abgeschlossene Wohnung! Die Leute über uns würden morgens, nachts, wann auch immer über unseren Flur spazieren. Und dafür sollten wir ein Drittel mehr als in Artane bezahlen? „Wir überlegen es uns." Es fiel mir nicht leicht, keine Diskussion zu beginnen. Aber warum sollten wir unsere Nerven ruinieren? Diesmal machten wir es auf irische Art und gingen einer Auseinandersetzung aus dem Weg.

Schade. Allzu viele *flats to let* wurden in diesem Teil der *southside* nicht annonciert. Ein paar Tage später erzählte ich im Pausenraum von den Besichtigungen.

Johnny wusste von einer Wohnung bei sich in der Nähe. „But it's crap. Ich würde keine Nacht drin schlafen wollen." Maeve bot an, mir die Telefonnummer ihres Cousins zu geben. „Er ist Makler. Ich weiß aber nicht, ob er was für euch hat. Er vermietet vor allem Luxusapartments."

Dann war er sicher nicht unser Mann. Da wir gerade bei Wohnungsstorys waren, erzählte Maeve von einer Freundin, die mit ihrer Familie zur Miete wohnte. „Meine Freundin wollte nur die Kinderzimmer bunt streichen und hat vorsichtshalber beim Vermieter nachgefragt, ob das okay ist. Der hat gleich einen Wutanfall bekommen und mit Kündigung gedroht, wenn sie irgendwas am Haus verändert."

Hm, ich hatte zwar erst mal nicht vor, unsere zukünftige Wohnung zu streichen, aber ... „Dürfte er ihr wegen so etwas kündigen?", fragte ich.

„I guess so. Was denkst du, Johnny?"

„Definitely probably."

Er grinste. „Na ja. Mieter haben in Irland so gut wie keine Rechte." Deswegen sei Mieten in Irland immer nur eine Übergangslösung.

„Sieh es ein, Janet. Jeder in Irland will Eigentum." Maeve legte mir ihre Hand auf den Arm. „Du willst es auch, believe me. Du weißt es nur noch nicht. Wollen wir wetten?"

„Wie wetten?"

„Na ja, eine langfristige Wette. Wenn du in fünf Jahren noch in Irland lebst und noch keinen Vertrag für *property* abgeschlossen hast, hast du gewonnen. Andernfalls ich."

Ich fand die Grundlage dieser Wette ziemlich hypothetisch, aber egal. „Okay. Wir wetten um eine Fahrt nach Galway, in deinem zukünftigen Mini (Maeves Traumauto) oder meinem zukünftigen Kombi (ich hatte kein Traumauto, ein Kombi war einfach praktisch)." Ich wollte schon lange mal wieder nach Galway. Alex und ich waren bisher zu bequem gewesen, am Wochenende weiter rauszufahren als nach Malahide, Howth oder Bray.

Wir besiegelten das Ganze mit einem Händedruck. Johnny lachte. „Crazy wans. Was habt ihr genommen, dass ihr verrückteres Zeug redet als meine Granny?"

Schließlich fanden wir eine Wohnung. Jan, ein holländischer Kollege, und seine belgische Freundin Louise wollten nach Brüssel ziehen und suchten dringend Nachmieter für ihre „schöne, neue Zweizimmerwohnung". Die Iren und bald auch die Ausländer gingen davon aus, dass eigentlich nur in Neubauten alles in Ordnung sein konnte. Bereits nach ein paar

Jahren sahen nicht wenige Wohnhäuser ziemlich verkommen aus, sofern nicht die Besitzer selbst drin wohnten.

Am Samstag fuhren Alex und ich in die James's Street. Fast jeder kannte die Straße, weil dort die Wiege des Guinness-Konzerns lag. Hinter der trutzigen hellgrauen Christ Church bog der Bus links ab und stand schon im Stau. Umso mehr Zeit, uns in der Thomas Street umzusehen: kleine Läden, ein paar provisorische Marktstände, ähnlich denen in der Moore Street, und viele bodenständig aussehende Leute. Eine Arbeitergegend, Mittelschicht sah man hier kaum. Etwas rau vielleicht, aber lebendig. Als es weiterging, fuhr der Bus an ein paar *old men's pubs* und hohen Gebäuden von Guinness vorbei, dann mussten wir schon aussteigen. Wir taten dem Busfahrer den Gefallen und sprangen aus dem fahrenden Bus. Nach einiger Zeit wusste man, dass die Busfahrer sich freuten, wenn sie nicht anhalten mussten.

Jan und Louise wohnten in einem vierstöckigen Haus gegenüber vom St. James's Hospital. Sehr praktisch. Man wusste ja nie, ob man sich beim Abspringen aus dem Bus nicht doch mal den Fuß verdrehte. Der Eingang zum Mietshaus war von einem Spar und einer Apotheke flankiert. Wir stiegen im zweiten Stock aus dem Aufzug. Die Gänge waren mit Teppichboden ausgelegt. Es war verdammt ruhig im Haus.

Die Wohnung war hell, einigermaßen geräumig und geschmackvoll eingerichtet. Das Beste war aber der Blick aus dem Wohnzimmerfenster, das bis auf den Boden reichte. Unter uns Dächer, Hinterhöfe, Parkplätze, aber dahinter erhob sich auf einem Hügel der Phoenix Park, Europas größter Stadtpark. Im Vergleich zu den anderen Wohnungen, die wir uns angeschaut hatten, war diese trotz hoher Miete und wenig Stauraum einfach wundervoll.

Wie immer in Job- und Wohnungsangelegenheiten ging

alles viel schneller als in Deutschland. Wir fanden problemlos Nachfolger für unsere Zimmer in Artane und unterschrieben den auf ein Jahr befristeten Mietvertrag für die Wohnung.

In den wenigen Monaten hatten wir ganz schön viel Kram angesammelt. Aber nichts im Vergleich zu Jan und Louise, die zwei beziehungsweise drei Jahre in Irland gewesen waren. Obwohl sie so viel wie möglich verkauft oder verschenkt hatten, kostete sie der Rücktransport ihrer Sachen ein kleines Vermögen. Als wir sie kurz vor ihrer Abreise noch einmal sahen, war Louise ziemlich durcheinander. Natürlich freue sie sich auf zu Hause, aber Dublin und die Leute würden ihr fehlen. Ob sie uns schreiben dürfe? Wir tauschten E-Mail-Adressen aus. Es waren nicht die ersten losen Zettel in meinem Adressbuch. In dem halben Jahr seit meiner Ankunft in Dublin war nicht nur die Aufbruchstimmung, sondern immer auch der Abschied von Irland mit von der Partie. Eine Weile meldeten die Rückkehrer sich noch, irgendwann wusste man auf beiden Seiten nicht mehr, was man schreiben sollte. Schon jetzt ging es mir auch mit einigen meiner Freunde in Deutschland so. Zu anderen war das Verhältnis eher enger geworden, weil sie auch gerne Briefe oder E-Mails schrieben. Das wurde übrigens bei der Arbeit toleriert, natürlich nur zwischen den Anrufen. Das Management ahnte wohl, dass solch kleine Freuden manche Agents vor dem Wahnsinn bewahrten.

Dann endlich war es so weit. Till und sein Auto halfen uns beim Umzug. Leider hieß uns niemand so herzlich willkommen wie damals Mary und Paul, dafür schienen mehr Nachbarn in unserem Alter zu sein. Die würden sich vermutlich lieber im Pub treffen, als einander zu besuchen. In Deutschland und Frankreich war ich es gewohnt, Leute zum

Essen nach Hause einzuladen oder miteinander zu kochen. Hier hatten wir das noch nicht getan. Ich wusste nicht, ob Einladungen nach Hause üblich waren oder zu aufdringlich erscheinen würden. Davon abgesehen war es unkomplizierter und eigentlich auch spannender, sich auswärts zu treffen. Im Pub lernte man immer wieder neue Leute kennen, die Gesprächspartner und -themen wechselten schneller, aber der Ton war natürlich nicht so vertraut wie in einem richtigen Wohnzimmer. Kein Wunder, dass keiner von Johnnys Kumpel trotz einiger gemeinsamer Pub-Abende Julie, Yasmina oder mich wiedererkannt hatte. Johnny erklärte mir einmal, das sei nicht böse gemeint. Auch er lerne „so oft" jemanden kennen, der ihm sympathisch sei. „Aber ich kann nicht jedem mein Herz öffnen."

Ich ging jetzt oft von der City zu Fuß nach Hause. Hinter dem Cornmarket kamen schon nach ein paar Tagen Heimatgefühle auf. Die Gegend zwischen St. Patrick's Cathedral und Thomas Street, *The Liberties* genannt, hatte etwas Dörfliches. Im Mittelalter war dies ein selbst regierter Distrikt, später florierten hier von Hugenotten gegründete Textilmanufakturen. Im 18. Jahrhundert litt das Viertel unter teils blutigem Gemetzel zwischen zwei lokalen Gangs, den protestantischen französischen „Weaver Boys" und den katholischen irischen „Ormond Boys". Der Niedergang des Viertels und der irischen Textilindustrie – von den Engländern aus Sorge um die eigene Textilherstellung gefördert – begannen.

Schneidereien gab es in der Thomas Street immer noch einige. Ein Schneider hatte sein Lädchen saisonbedingt in *Communion Shop* umbenannt. In seinem leuchtend blau umrahmten Schaufenster hingen weiße Spitzenträume mit Schleier, Handschuhen und Täschchen. Daneben waren Modellpuppen wie Orgelpfeifen zur Straße hin aufgereiht und präsentierten das Outfit für die Jungs inklusive glänzender Krawatte und Einstecktuch. Man konnte auch Anzüge leihen oder in wöchentlichen Raten abbezahlen. Ein Stück weiter hatte ein Charity-Shop einer Stiftung für Blinde ausschließlich rote und rosa Kleidung ausgestellt. Vielleicht wegen des nahenden *Valentine's day*, der jetzt schon überall beworben wurde. An der Ecke Meath Street / Thomas Street, einer Dubliner Fleischerhochburg, leuchteten rosa-weiße „echt irische Koteletts", und ein Teppichhändler warb mit „echt irischen Teppichen". Vor zehn Jahren wäre wohl niemand auf die Idee gekommen, in Irland mit dem Label „Irish" zu werben. Andererseits fragte sich immer noch so mancher Ire, ob die „vielen gut aussehenden Ausländer" nicht doch aus Versehen auf dieser verregneten Insel gestrandet waren.

Die alten, grauen Häuser sahen feucht aus. Ich war froh, dass wir in einem Neubau wohnten. Wenn sich in einem alten Haus im Erdgeschoss ein Geschäft befand, war die Fassade bunt angemalt. In den Werkstätten hinter großen Metalltoren wurde gehämmert und gesägt. Ich wechselte die Straßenseite, weil ich in dem einzigen richtigen Supermarkt des Viertels einkaufen wollte. Bis vor kurzem war an derselben Stelle ein Supermarkt ausschließlich für Tiefkühlkost gewesen. Der Wechsel hatte sich wohl so schnell vollzogen, dass ein paar älteren Frauen nichts anderes übrig blieb, als die neue Einkaufslage direkt am Eingang zu diskutieren. Ein bärenartiger *security guard* bat sie höflich, aber bestimmt, zur Seite zu treten.

In diesem Supermarkt gab es auch reichlich Tiefkühlgerichte. Schlichtere Varianten als die allseits beliebten, ziemlich teuren Fertiggerichte von Marks & Spencer in der Innenstadt. Als ich aus einer Truhe mit *Currys* auftauchte, tippte mich jemand von hinten an. Ich kannte Susana nur flüchtig. Sie arbeitete im spanischen Team und war normalerweise von einem Rudel Spanier umgeben. Ich sah mich um. Jetzt schien sie wirklich alleine zu sein.

„Hello Janehd, was tust du hier? Ich habe dich hier noch nie gesehen."

„Hi Susana, wie geht's?" Ich erzählte ihr von unserer Wohnung.

Susana war begeistert. Sie und ihr Freund Mikel wohnten auf der anderen Seite des Krankenhauses. „Lass uns doch dann zusammen zur Arbeit fahren", schlug sie vor. Wir verabredeten uns gleich für den nächsten Morgen. Sie wollte zwei Stationen vor mir in den Bus steigen, der um kurz nach sieben ein paar Meter neben unserem Haus halten sollte. Ich hoffte nur, dieser Plan würde nicht zu Komplikationen führen. Was, wenn drei Busse derselben Linie auf einmal auftauchten (das passierte ständig) oder ihr Bus so voll war, dass der Busfahrer an unserer Haltestelle nicht hielt? Ich bat Susana, in diesem Fall zu klingeln und an die Fahrertür zu kommen und gegebenenfalls auszusteigen, damit wir uns nicht verfehlten. Das mache ihr doch nichts aus? Sie habe sicher auch eine Monatskarte, oder?

„Don't worry, Janehd!" Susana lachte. „Wir wollen doch nur den Bus nehmen, richtig?"

Sie hatte Recht. An meiner Gelassenheit musste ich noch arbeiten.

„I'll see you tomorrow, right?" Susana wollte zur Kasse.

„Yeah, sure. Great. Seeya tomorrow."

Auf dem Heimweg ging ich am St. James's Gate, dem früheren Haupteingang von Guinness, vorbei. Seit 1759 wurde „the black stuff" hier gebraut. Von außen war das Gelände nicht einsehbar. Auf diesem Teilstück der Straße roch es nach Malz, herb und beißend. Hinter einer hohen Mauer kam weißer Dampf aus einem Schornstein. Längst war Guinness ein weltweit agierendes Unternehmen, das sein berühmtes Bier unter anderem in Nigeria und Indonesien braute. Bereits 1932 verlegte Guinness seinen Firmensitz nach London (heute ist das einstige Familienunternehmen Teil eines britischen „Multinationals"), aber ein Teil der Firma kehrte zurück. Seit die Londoner Guinness-Brauerei 2005 ihre Tore schloss, wird auch das Bier für den britischen Markt wieder am St. James's Gate gebraut. Eine typisch irische Laufbahn also.

Es war nicht schwer, sich vorzustellen, wie anders Dublin und speziell dieses Viertel ohne Guinness aussehen, vielleicht sogar ticken würde. Und welch große Bedeutung der Guinness-Clan im Leben der Stadt spielte und noch spielt: als Arbeitgeber, Politiker, Stifter, Unterstützer von Armenhäusern und Suppenküchen. Die Familie soll nicht nur während der Großen Hungersnot 1845–49 soziale Verantwortung gezeigt haben. Zum Mythos Guinness hatten sicher auch die legendären Werbekampagnen beigetragen. Allen voran die Tukan-Plakate aus den 1930er und 1940er Jahren mit Slogans wie „Lovely Day for a Guinness", „My Goodness, My Christmas, It's Guinness!" und dem bekanntesten – „Guinness is Good For You". Mit dem letztgenannten Spruch darf die Firma schon lange nicht mehr werben, auch wenn angeblich sogar wissenschaftliche Studien belegen, dass Guinness den Cholesterinspiegel senkt und gut fürs Herz ist. Der Volksmund wusste das ohnehin schon immer.

Auch mir sagte mein Instinkt, dass Guinness gut für mich wäre. Nicht das Getränk, sondern die Gegend, in der die Malzschwaden wehten. Wir wohnten endlich mittendrin, in einem der geschichtsträchtigsten Viertel der Stadt. Es war eher verfallen als schnieke, befand sich jedoch im Aufwind. Eigentlich wusste ich nicht wirklich, woran es lag, aber mich beschlich das Gefühl, endlich richtig in Dublin angekommen zu sein.

Februar – Frühlingsluft und Freiheitskampf

ALS ICH AN DIESEM SONNTAG AUFWACHTE, sah ich am Himmel nur Blau, das von ein paar weißen Linien durchzogen war. Das Prachtwetter der letzten Tage hielt an. Wir mussten also nicht sofort aufstehen, um wenigstens ein bisschen Sonne abzukriegen. Seit der letzten Januarwoche hatte man zusehen können, wie die Büsche ausschlugen und sich die ersten Knospen öffneten. Schneeglöckchen, Krokusse und Primeln in den Vorgärten und Parks, zwischen den Häusern und in der freien Natur auch Ginster, Weißdorn und Weidenkätzchen.

Auch Vororte wie Tallaght blühten auf, zumindest über Mittag. An kalten Tagen dieses kurzen Winters hatte das Zentrum von Tallaght tagsüber Frauen mit kleinen Kindern und Halbwüchsigen in Daunenjacken, Jogginganzügen und weißen Turnschuhen gehört. Bei dem milden Wetter der vorangegangenen Tage waren massenweise Mitte zwanzig- bis Mitte vierzigjährige Anzugträger und Frauen in hohen Schuhen auf die Straßen geströmt. Die wenigen Sitzgelegenheiten waren schnell besetzt, also verzehrte man sein Sandwich oder seine Roll auch auf Schaukelpferden und Wippen, was wiederum anzügliche Witze nach sich zog.

Unser Bett stand mitten im Raum und dennoch gleich am Fenster, so klein war das Schlafzimmer. Ich betrachtete die Fotos an der Schrankwand gegenüber. Im Januar hatte ich nicht viel an meine Familie und Freunde zu Hause gedacht. Wir hatten wie immer telefoniert, aber die Gespräche und die Zeit dazwischen fühlten sich anders an. Die große

Sehnsucht und die Fluchtgedanken, die ich im Herbst oft gehabt hatte, waren weg. Ich konnte es selbst kaum glauben, aber es schien, als ob ich einmal zufrieden damit war, dort zu sein, wo ich gerade war.

Vermutlich hing das auch damit zusammen, dass sich für die nächsten Monate Besuch angekündigt hatte. Ich war gespannt, wie meine Freundin Katja und meine Schwester Dublin und unser neues Viertel finden würden. Das kannte ich bisher selbst kaum – ein Grund, warum Alex und ich uns für diesen Tag vorgenommen hatten, einen kleinen Ausflug, nur ein paar hundert Meter stadtauswärts, ins Herz von Kilmainham zu machen. Noch war es jedoch zu früh um aufzustehen. „Relax", flüsterte jemand in meinem Hinterkopf. Ich knautschte mein Kissen zurecht und zog unser King-Size-Federbett mehr auf meine Seite.

Vielleicht war auch die Frühlingsluft dafür verantwortlich, dass ich mich ein paar Tage zuvor in einem Sexshop wiedergefunden hatte. Das war Saraghs Idee gewesen. Saragh war eine temperamentvolle Irin aus meinem Team. Habe ich schon erwähnt, dass ich das Team gewechselt hatte? Der spanische Teamleiter Raúl war eines Tages an meinen Platz gekommen und hatte mir einen Antrag gemacht: „Janehd, du übernimmst ja seit einigen Monaten immer mehr spanische Anrufe. Würdest du gerne offiziell zu unserem Team gehören?" Raúl sah nicht nur aus wie der Schauspieler Benicio del Toro (Typ zorniger Mann, feuriger Liebhaber), er hätte ebenfalls auf die Bühne gehört. Er habe mit Andrea gesprochen, und sie sei einverstanden; wenn ich also Lust hätte ... Aber sicher, Benicio, ich meine Raúl. Wenn man mich so schön bittet. Fakt war, dass die Firma zu diesem Zeitpunkt zu wenig Spanisch sprechende Mitarbeiter fand und dass mehr als genügend Deutsche nach Irland strebten. Mir war das recht, im spanischen Team ging es sowieso viel lustiger (allerdings auch viel lauter) zu. Und da wir unsere Plätze täglich neu wählen konnten, würde ich den Kontakt zu Olli, Julie und den anderen nicht verlieren.

Aber zurück zum Sexshop. Für Saragh stand fest, dass unser Team der kleinen Estefa aus Zaragoza zum Abschied „etwas zur Entwicklung ihrer Persönlichkeit" schenken müsste. „Etwas, das ihr noch viel Freude bereiten wird und wodurch sie uns nicht so bald vergisst." Saragh, Susana und ich würden im Sexshop etwas Passendes aussuchen. Die offizielle Übergabe würde selbstverständlich mit Karte und vor versammelter Mannschaft erfolgen. So war es Usus, wenn einer die Stelle wechselte oder in die Heimat zurückkehrte.

Susana und ihr Freund Mikel waren Mitte der 1990er Jahre aus Bilbao nach Dublin gekommen. Sie war Chemikerin, er Bauingenieur, beide hatten in Spanien keine Arbeit gefunden. Während Mikel sofort in seinem Beruf Karriere machte, fing Susana an, bei McDonald's zu bedienen. Es habe ihr nichts ausgemacht, hatte sie mir einmal im Bus erzählt. Sie habe sich schnell zum „Manaja" (Managerin, Filialleiterin) hochgearbeitet. „Das Betriebswirtschaftliche, die Verantwortung fürs Personal, das alles hat mir gefallen. Es war etwas völlig Neues für mich." Ihre Eltern dagegen waren entsetzt, dass ihre Tochter so einen Job machte. Um sie nicht noch mehr zu enttäuschen, verschwieg Susana, dass sie und Mikel zusammen wohnten. In Spanien hätten sie dafür heiraten müssen, das sei ein ungeschriebenes Gesetz gewesen. Bisher waren ihre Eltern zweimal nach Dublin zu Besuch gekommen. „Dann zog Mikel eine Woche lang zu Aldo, und Aldos Freundin Marilu wurde meine Mitbewohnerin." Susana zuckte mit den Schultern. „Wenn Marilus Eltern kommen, machen wir es andersrum."

Obwohl Susana in einem erzkatholischen Land aufgewachsen war, schien sie sich zwischen Sexspielzeug nicht

unwohl zu fühlen. Da hatte sie etwas mit Saragh gemeinsam. Schon öfter waren mir Parallelen zwischen Spaniern
und Iren aufgefallen. Die jungen Spanier passten irgendwie
besser nach Irland als Franzosen oder Deutsche. Deutsche
galten zwar als ausgesprochen anpassungswillig, aber auch
als ein bisschen langweilig. Die meisten Franzosen, die ich
in Dublin traf, zeigten weder großes Interesse für andere
Ausländer noch waren sie bereit, ihre Gewohnheiten denen auf der Insel unterzuordnen. Ganz anders die Spanier,
die es aber auch leichter hatten. Auch in Spanien traf man
sich überwiegend in Kneipen, man nahm Neuankömmlinge
freundlich ins Rudel auf, vorausgesetzt, sie waren unterhaltsam und feierten gerne. Spanier und Iren redeten nicht gerade leise und waren offen bis zu einem gewissen Punkt. In
beiden Ländern war klar, dass ein paar schöne Stunden in
der Bar oder im Pub zu nichts verpflichteten. Und beide Länder kamen aus der Armut, hatten enorm von ihrer EU-Mit-
gliedschaft profitiert und hatten vielleicht die begeisterungs-
fähigste, mitreißendste und fröhlichste Jugend Europas.

Den Abend vor diesem wundervoll sonnigen Morgen hatten
Alex und ich mit Leuten verbracht, die wir nach unserer
Dubliner Zeitrechnung bereits als alte Freunde hätten bezeichnen können. Wir waren mit Frédéric, Till und Marion,
Olli und seinem Lover Neil – ja, Olli hatte sich geoutet –,
mit Julie und Marc, mit Yasmina und Freunden von Yasmina
im Gaeity Theatre gewesen. Das Gaeity war mein Lieblings-
theater, nicht wegen der Stücke, die dort gespielt wurden,
sondern wegen des *Late Night Clubs*, der freitags und sams-
tags im ganzen Haus stattfand. Das Konzept war in Dublin
einzigartig: Kino, Live-Bands mit Indie, Soul, Funk und Blues
und DJs mit Disco, RnB und Hip-Hop auf drei Ebenen
in vier atmosphärisch ganz unterschiedlichen Räumen. Im

prachtvollen Zuschauerraum wurden alte Filme gezeigt, danach spielte eine Band. In einem schmalen Raum unterm Dach wurde am ausgelassensten gefeiert. In solchen Nächten dachte ich immer wieder, dass die Iren unserer Generation ein besonderes Talent zum Glücklichsein hätten. Sie gingen vollkommen im Augenblick auf. Die meisten aus der Mittelschicht – und Mittelschicht war jetzt fast jeder – waren der Ansicht, es gebe nichts Besseres, als genau zu diesem Zeitpunkt in Dublin zu leben. Und vermutlich hatten sie Recht.

Als die Stimmung auf einem absoluten Hoch war, begannen ein paar Jungs, darunter Alex, sich anzugrölen. Frédo konnte gerade noch verhindern, dass Alex eins auf die Nase bekam. Bis heute habe ich keine Ahnung, was eigentlich los war. Alex meinte nur, einer der Typen hätte ihn dumm angemacht („You looking at me, pal!?!"). Nach diesem Zwischenfall beschlossen wir, gesammelt zu gehen. Gleich wäre hier sowieso Schluss.

Unter dem Vordach am Eingang lagen zwei Mädels. Die eine war fast besinnungslos. Ihr Minirock war bis zur Hüfte hochgerutscht und ihr Kopf lag direkt an der Tür zum Gaiety. So ein Anblick war nicht besonders außergewöhnlich. Am Wochenende sah man nachts an jeder Ecke wankende, singende, rufende Menschen eigentlich jeden Alters. In der Innenstadt lag öfter mal ein *Binge Drinking*-Opfer, vor allem Teenager, darunter viele Mädchen. Man fragte sich, wie sich die Iren überhaupt die ganzen Drinks leisten konnten. Getrunken wurde nämlich fast nur in Pubs, Bars und Clubs (bei Pint-Preisen zwischen 3,50 und 5,70 Euro). Die Iren liebten Gesellschaft, zu Hause trinken machte ihnen keinen Spaß.

Cormac, Johnnys Mitbewohner, war der einzige „on the Ballygowan" (irische Mineralwassermarke). Er trank auch abends nie Alkohol. Warum, wusste ich nicht. Ich hatte nie gehört, dass ihn jemand drauf ansprach. Vielleicht mochte er einfach keinen Alkohol. Das hätten die Iren bestimmt verdächtig gefunden. Verdächtiger als Alkoholiker in der Familie oder ähnliche Gründe. Wenn man Cormac danach gefragt hätte, wäre man in jedem Fall nicht umhin gekommen, auf seine Erklärung einzugehen. Das hätte unangenehm werden können. Womöglich wäre die gute Stimmung für einen Moment verflogen. Besser, man fragte gar nicht.

Das andere Girly unter dem Vordach hatte ich an diesem Abend schon einmal gesehen. Im Pub, in dem wir vor dem Gaiety gewesen waren, hatte sie sich auf dem Klo übergeben, sich den Mund mit Mundwasser ausgespült und sich die Lippen nachgezogen. Kurz darauf stand sie an der Bar neben mir und bestellte zwei doppelte Wodka.

Nein, es ist kein Gerücht, dass Iren viel Alkohol in sich hineinkippen. Und nein, es war nicht immer so. Einer Studie zufolge tranken in den 1960er Jahren die Bürger von acht OECD-Staaten mehr als die Iren. Seit Irlands Wirtschaft boomt, ist auch der Alkoholkonsum der Iren spitzenmäßig – was zeigt, dass sie nicht aus Elend oder Trauer zum Pint greifen, sondern um sich zu amüsieren. Schade, dass sie manchmal vor lauter Spaß umkippen. Ich weiß, das hört sich zynisch an. Aber gehen Sie mal an einem sehr frühen Samstag- oder Sonntagmorgen durch die Grafton Street oder durch Temple Bar. Noch bevor die Straßenreinigung da war. Tun Sie das nur, wenn Sie nicht sehr geruchsempfindlich sind – sonst wird die Lage nur noch schlimmer.

Alex rührte sich immer noch nicht. Länger hielt es mich nicht im Bett. Erst das Warmwasser für die Dusche anstellen, dann Kaffee kochen, mittlerweile ging das ohne nachzudenken. Es war totenstill im Haus. In Artane hatte ich die pappdünnen Wände oft genug verflucht. Hier wünschte ich mir manchmal ein Lebenszeichen unserer Nachbarn. Als ich die Balkontür öffnete, hauchte mich ein Frühlingslüftchen an. *Lovely.* Irgendwo dort unten zwitscherten Vögel. Unser Balkon war eigentlich nur ein circa 40 cm breiter Vorsprung, wie ihn die meisten Dubliner Neubauwohnungen hatten. Hüfthoch vergittert natürlich. Der Platz genügte, um Getränke zu lagern oder ein Fahrrad abzustellen.

Eine halbe Stunde später sprang ich in T-Shirt, Jogginghose und mit nassen Haaren runter zum Spar. Das warme Wasser und der Wasserdruck im zweiten Stock hatten gerade so gereicht, um das Shampoo aus meinen dicken, langen Haaren zu spülen. Dafür bekam man das Wasser aus dem Hahn in Dublin kostenlos.

Dem Iren an der Kasse vom Spar machte mein Aufzug nichts aus, er war noch ganz andere Outfits gewohnt. Abends kamen die Leute hier auch gerne mal in Schlafanzug und Schlappen vorbei.

„Nice morning, isn't it?", begrüßte er mich gut gelaunt und das, obwohl es erst 9.30 Uhr war. Man wisse: Der Ire an sich steht nicht gerne früh auf. Deshalb öffnen die Läden auch relativ spät. Einmal hatte ich versucht, um 7 Uhr in der Innenstadt einen Kaffee zu bekommen. Vergebens. Ich hatte keine Zeit, die ganze Stadt abzusuchen.

Dieser Herr hier war vermutlich der Filialleiter beziehungsweise Franchisenehmer des Spars. Jedenfalls hatte ich ihn bisher nur stundenweise am Wochenende hinterm Tresen gesehen. Sonst hielten Chinesinnen und ein italienisch klingender junger Mann den Betrieb aufrecht.

Wie schon erwähnt, war Spar in Irland kein Supermarkt, sondern eher ein großer Kiosk, in dem es von allem etwas gab. Von manchem gab es auch mehr: Zigaretten, Kekse, Schokoriegel und Softdrinks zum Beispiel. War über Nacht die Milch ausgegangen oder gelüstete es einen abends vorm Fernseher nach Chips? Kein Problem. „Unser Spar" war von 7 *am* bis 10 *pm* geöffnet. Dafür war alles noch teurer als im Supermarkt, aber – ganz ehrlich – schon bald fiel mir das gar nicht mehr richtig auf. Den Leuten in der Nachbarschaft offenbar auch nicht, der Laden war immer gut besucht. Vermutlich auch, weil es keinen vernünftigen Pub in der Nähe gab und man sich ja irgendwo unterhalten musste.

Ich griff nach der *Sunday Times*, nahm zwei parfümierte Croissants aus dem *Cuisine de France*-Regal und lief wieder nach oben. Jetzt konnte das Sonntagsprogramm beginnen.

Ein, zwei Stunden später liefen wir ein paar Meter neben unserem Haus eine breite Steintreppe hinunter, die zwischen einer hohen Mauer und einem stark ergrauten Haus hindurchführte. Auf einem Fensterbrett saßen zwei Afrikaner. Später sagte einmal jemand, das Haus sei ein Asylantenheim. In der Mauer auf der anderen Seite war eine verrostete Metalltür. Zwei Jungen schoben sich gerade durch einen Spalt auf das verwilderte Grundstück dahinter.

Unten angekommen spazierten wir über eine schmale Straße, die über ein Rinnsal führte. Kleine alte Häuschen, die meisten ganz gut in Schuss. Die Apartmenthäuser gegenüber mit *private carpark* und Grünflächen hinter hohen schmiedeeisernen Toren und Zäunen waren neu und schick und fügten sich dennoch ganz gut in die Landschaft. Sonntags fuhr hier kaum ein Auto, es war wie auf dem Land. Noch, denn hinter den Häusern in der Nachbarschaft lugten Kräne hervor. Vielleicht würde es hier schon in ein paar Monaten ganz anders aussehen.

Ein Stück bergauf lag links das Tor zum Royal Hospital Kilmainham, in dem das Irish Museum of Modern Art sein sollte. Alex hatte einen Reiseführer dabei und las vor, während wir die lange Auffahrt hochgingen: „Ursprünglich war in dem majestätischen Gebäude aus dem 17. Jahrhundert ein Altersheim für Veteranen untergebracht. Der Entwurf war von *Les Invalides* in Paris inspiriert. Das Royal Hospital gilt als eines der Highlights des damaligen angelsächsisch-niederländischen Stils."

Ein Taxi hielt auf dem Vorplatz und eine elegante ältere Dame stieg aus. „Thank you so much. It was so good to talk to you", flötete sie. Es klang, als ob sie dem Taxifahrer unendlich dankbar sein müsste, weil er ihr unverhofft die Beichte abgenommen hatte. „Dort hinten sind die Gärten", erklärte der Fahrer mit Nachdruck und stellte ihre kleine Reisetasche vor sie hin. Er wünschte ihr noch einen schönen Tag, wendete und fuhr an uns vorbei die Auffahrt hinunter.

Wir folgten der Lady in den großen quadratischen Innenhof mit Arkadengängen. Was soll ich sagen: Diese Architektur konnte mich nicht begeistern. Da half auch das Wissen nicht, dass es das erste klassische Gebäude in Dublin war und den Beginn des *Georgian booms* markierte. Außer einer Sonnenuhr fesselte hier nichts meinen Blick. Na ja, doch. Die Aufschrift Café und der moderne, gläserne Eingang zum Museum. Alex und ich hätten uns gern ein bisschen Kunst angesehen, aber keine der Ausstellungen interessierte uns sonderlich. Also verließen wir den Innenhof zur Westseite hin. Nur ein paar hundert Meter weiter sollte das Gefängnis liegen, in dem die Crème de la Crème von 120 Jahren irischen Freiheitskampfes gesessen hatte. Das Kilmainham Gaol sei absolut sehenswert, hatte ich schon öfter gehört. Auf dem Weg dorthin lagen rechts Wiesen und dahinter Felder; es sah aus, als ob sie landwirtschaftlich genutzt würden. Auf beiden Seiten folgten alte Soldatenfriedhöfe mit windschiefen, in den weichen Boden gesackten Grabsteinen. Das Gras leuchtete saftig.

Ich hatte plötzlich Heißhunger auf Steak. Fragen Sie nicht, was das jetzt sollte, Hunger konnte es jedenfalls nicht sein. Weit kamen wir meist nicht bei unseren kleinen Exkursionen. Einer von uns bekam immer Appetit, Kaffeedurst, richtigen Durst oder Hunger. Alternativ konnten einem auch die Füße wehtun, einer musste auf Toilette oder beide waren müde. Es schien, als wären wir mehr auf Entspannung und Genuss als auf Anregung aus. Fast hätte auch dieser kleine Ausflug vorzeitig im Café des IMMA (Irish Museum of Modern Art) geendet. Zum Glück hatte ich ein paar Bonbons dabei, die mich vorerst ruhig stellten.

Auf den niedrigeren Teilen der Mauer, die sich um die Friedhöfe zog, waren grobe Glasscherben in Zement gegossen. Das sah man hier öfter, auch bei Privatgrundstücken. Am Ende der Allee stand ein Tor, das wie ein kleines Stadttor aussah. Dahinter lag das Kilmainham Gaol.

Das Gemäuer wirkte schon von außen nicht gerade Vertrauen erweckend. Im engen, gewölbeartigen Eingangsbereich erfuhren wir, dass Besichtigungen des ehemaligen Gefangenenbereichs nur in der Gruppe mit Führer möglich waren. Jede halbe Stunde oder so begann eine Führung. Bis dahin könnten wir uns die Ausstellung ansehen.

Es war kalt hier drin. Die ständige Ausstellung zog sich über drei Ebenen. Viel Glas, Lichtpunkte, Fotos, Dokumente, Reden, persönliche Gegenstände von Häftlingen. Der Raum war voller Besucher, aber es wurde kaum geredet. Das Kilmainham Gaol, war nicht irgendein Gefängnis für Kriminelle. Hier wurden ab 1798 Iren aus allen möglichen Gründen eingelocht. Ein Sechsjähriger saß einen Monat lang, weil sein Vater sein Zugticket nicht zahlen konnte. Während der großen Hungersnot war es voll von Menschen, die Essen gestohlen oder nur gebettelt hatten. Die Geschichte des Hauses und seiner Insassen spiegelt die Geschichte des Landes, und nicht nur das: Die Geschicke Irlands wurden teilweise aus diesen Mauern heraus gelenkt.

Mehr darüber und über die Bedeutung dieses Gefängnisses im irischen Kampf für die politische Unabhängigkeit erfuhr man auf der zweiten Ebene. Zum Beispiel saß Charles Stewart Parnell, von 1879–82 Präsident der Land-Liga, hier ein halbes Jahr ein und handelte in dieser Zeit den so genannten *Vertrag von Kilmainham* aus, der eine Zusammenarbeit seiner Partei mit der liberalen Regierung beschloss.

Am bekanntesten ist das Kilmainham Gaol aber dafür, dass die Anführer des Osteraufstands von 1916 – Pearse, Connolly, Clarke und dreizehn weitere – hier einsaßen und im Gefängnishof erschossen wurden. Vielleicht wäre das *Easter Rising* ohne diese Hinrichtungen ähnlich wie andere Rebellionen zuvor ohne große Wirkung geblieben. Zunächst lehnte der Großteil der Bevölkerung den Aufstand sogar ab; Tausende von Iren kämpften in der britischen Armee. Erst als ein landesweites Ausgehverbot und andere Repressalien verhängt, massenweise auch völlig unbeteiligte Iren verhaftet und die Todesurteile für die Aufständischen verkündet wurden, schwang die öffentliche Meinung um.

Die junge polnische Führerin sprach ein fast akzentfreies *Dublin English*. Lidia führte uns durch düstere, zugige Gänge, von denen Zellen ohne Fenster abgingen. Gruselig war es hier und eiskalt. „Damals war es hier noch viel kälter. Die Luken in den Wänden waren nicht verglast", erklärte Lidia. Bei Überfüllung hätten die Menschen auf den Gängen gelegen, die hygienischen Verhältnisse waren desaströs.

Als wir in einer beinahe wohnlichen Zelle auf den Rest der Gruppe warteten, sah sich ein alter Mann neben mir um. Lächelnd sprach er mich an.

„Interessant, nicht wahr?"

Süß, wie er Kontakt suchte. „Ja, sehr. Woher kommen Sie? Sind Sie Amerikaner?"

„Oh, nein, ganz und gar nicht. Ich bin Ire. Und ich bin stolz darauf." Er sah mich keck an.

Aaah ja. Das war mal ein neuer Spruch. Bisher hatte ich Iren eher auf ihr Land schimpfen oder die Vorzüge Irlands kleinreden hören. Ich nahm an, sie taten das aus einer Art Hassliebe heraus oder wegen eines tradierten Minderwertigkeitskomplexes, der sie erst loslassen würde, wenn ihnen mindestens tausend Ausländer von Angesicht zu Angesicht versichert hätten, wie großartig sie Irland fanden.

Ich wollte den alten Mann nicht fragen, worauf er stolz war. Stattdessen hätte ich auf einmal alles für einen Schweine- oder Sauerbraten mit Klößen oder wenigstens frisches Bauernbrot mit Butter oder Schmalz gegeben; und danach ein Spaziergang in der Fränkischen Schweiz. Ich musste daran denken, wie großartig es ist, wenn man eine Verabredung eine Woche vorher planen darf, ohne sich spießig zu fühlen, und der andere dann auch erscheint; wie gepflegt und hübsch deutsche Häuser und Gärten und wie sauber die Straßen in Deutschland sind; wie großartig unsere Sprache ist und, ach, das süddeutsche Wetter sowieso ...

Eine fast körperliche Reaktion auf das „Ich-bin-stolz-ein-Ire-zu-Sein", nehme ich an. Eigentlich sehnte ich mich ja gar nicht nach Deutschland. Ich lächelte den alten Mann an.

„Sind Sie Französin?" Er sei aus Limerick und mit seiner Frau in den letzten Jahren viel gereist. In München seien sie gewesen und in Berlin, mehrmals in Frankreich („Wir lieben Paris!") und in Spanien natürlich. „Wir Iren sind jetzt gute Europäer, wissen Sie?!"

Der Mann schwieg und wirkte einen Moment lang wirklich alt. Dann neigte er den Kopf, grinste wie ein Schuljunge und ergänzte: „Nun, wenigstens hoffen wir das."

Er lächelte mir noch einmal wie zum Abschied zu und wandte sich daraufhin zwei jungen Frauen neben sich zu: „Where ye from, girls?"

Kurz darauf betraten wir einen neueren Gefängnistrakt. Eine sehr hohe Halle. In der Mitte des Raums eine lichte Metalltreppe, die zu Zellen auf einer zweiten und dritten Ebene führte. Alles gut einsehbar. Obwohl viel Tageslicht durch die Decke fiel, war das Grauen hier noch greifbarer. Markerschütternde Szenen aus Jim Sheridans „Im Namen des Vaters", einer meiner irischen Lieblingsfilme, wurden hier gedreht. Frust, Angst und Verzweiflung, das Geschrei der Häftlinge, Protest-Geklopfe gegen das Geländer, Getrampel und Gejohle, die Schritte der Wachen, eine lebende Fackel bei einem Aufstand ... Hier war man mittendrin.
Zum Schluss zeigte Lidia uns im Gefängnishof die Stelle, wo die Aufständischen von 1916 hingerichtet wurden. Der schwer verletzte Gewerkschaftsführer Connolly musste auf einem Stuhl festgebunden werden, um einigermaßen vorschriftsmäßig erschossen werden zu können. Auf der anderen Seite des Hofs stand das Schiff von Robert Erskine Childers (Vater des späteren irischen Präsidenten Erskine Hamilton Childers), mit dem irische Nationalisten 1914, zwei Wochen vor Ausbruch des Ersten Weltkriegs, mit deutscher Hilfe Waffen nach Howth geschmuggelt hatten.

Auf dem Rückweg saß uns der Schrecken noch in den Gliedern. In diesem Viertel sprangen einen Szenen aus dem irischen Freiheitskampf nur so an. Robert Emmet, irischer Nationalist aus wohlhabender protestantischer Familie, war nach einem verunglückten Aufstand 1803 vom Gefängnis in Kilmainham in die Thomas Street gebracht und dort vor einer großen Menschenmenge gehängt worden. Zuvor hatte er vor Gericht eine flammende Rede gehalten, die ihn für

Generationen zum romantischen Nationalhelden machte. Die Legende besagt, dass Emmet nach dem Erhängen zusätzlich geköpft wurde. Dann soll der Henker den Zuschauern den Kopf hingehalten und gerufen haben: „Dies ist der Kopf des Verräters Robert Emmet."

Der Südwesten Dublins war damals eine der ärmsten Gegenden der Stadt. Mittendrin, im eleganten Kilmainham Hospital, hatte General Sir John Grenfell Maxwell, frischgebackener Generalkommandant der Truppen Seiner Majestät in Irland, im Mai 1916 beschlossen, dass Erhängen zu gut für die Rebellen des *Easter Rising* sei und sie erschossen werden müssten.

Im Museumscafé kehrten wir langsam in die Gegenwart zurück. Ich hatte die Stimme Lidias noch im Ohr. „Nach dem Ende des Unabhängigkeitskriegs und des darauf folgenden Bürgerkriegs wurde das Kilmainham Gaol 1924 geschlossen. Der letzte Insasse war Eamon de Valera. Zuletzt war er Gefangener seiner einstigen Weggefährten." Der in New York geborene und in Irland aufgewachsene de Valera war Mathematiklehrer, Osteraufständler, Vorsitzender von Sinn Féin, Präsident der provisorischen irischen Regierung (ab 1918), Gegner des Irischen Freistaats (eingeschränkte Unabhängigkeit, weiterhin unter britischer Flagge, mit der Konsequenz der Teilung Irlands), Premierminister (ab 1932) und Präsident der Republik Irland (1959–73).

„De Valeras Politik als *Taoiseach* (gesprochen: Tischock, gälisch für Premierminister) und Präsident ist heute umstritten", hatte Lidia gesagt. „Auch die zwiespältige Rolle des offiziell neutralen Irlands im Zweiten Weltkrieg. De Valera war der einzige Regierungschef, der in einer deutschen Botschaft kondolierte, als er vom Selbstmord Hitlers erfuhr."

Himmel, mir war ganz schummrig. Bei Kaffee und Kuchen versuchten wir, über etwas anderes zu reden. Weg von

Geschichten um Unterdrückung, Tod und verirrte Geister. Es gelang uns nicht besonders gut. Um auf andere Gedanken zu kommen, spazierten wir noch ein bisschen um das Gebäude herum, lugten in Ateliers und Werkstätten von *Artists in Residence* (also Stipendiaten) des IMMA hinein, die in Schuppen neben dem Repräsentationsbau untergebracht waren, und setzten uns im sehr hübschen Rokoko-Garten auf eine Bank. Der Himmel war noch immer relativ blau. Hier auf der Anhöhe konnte man weit blicken. Gegenüber lag der Phoenix Park, die grüne Oase der Stadt.

Als uns kühl wurde, gingen wir nach Hause. Auf der James's Street bog ein Krankenwagen zum St. James's Hospital ab. Die Sirenen der irischen Krankenwagen erinnerten mich immer an amerikanische Krimis. Beim Osteraufstand 1916 befand sich auf dem Krankenhausgelände die South Dublin Union. Inmitten von dreitausend Armen und Alten, Ärzten, Krankenschwestern und Pflegenden, die dort zu diesem Zeitpunkt lebten und arbeiteten, war eine der Haupttruppen der Aufständischen stationiert. Befehligt wurde sie von Éamonn Ceannt, eigentlich Edward Kent, der wie viele irische Nationalisten die gälische Version seines Namens angenommen hatte. Ceannt war an der militärischen Planung des *Easter Rising* maßgeblich beteiligt und unterzeichnete die Proklamation der Irischen Republik als Mitglied der provisorischen Regierung. Während der Woche des Osteraufstands fanden auf dem Gelände des heutigen St. James's Hospital heftige Kämpfe statt, ein Maschinengewehr oben auf dem Royal Hospital Kilmainham gab den britischen Truppen zusätzlich Deckung. Es gelang Ceannt, den Stützpunkt zu verteidigen, bis er von seinem Vorgesetzten Pádraig Pearse den Befehl zur Kapitulation erhielt. Ceannt wurde am 8. Mai 1916 im Alter von 34 Jahren im Innenhof des Kilmainham Jail erschossen.

März – Besuch aus Deutschland

Seit ich in Irland war, hatte ich kaum Sport gemacht. Zuvor hatte Schwimmen zu meinem festen Wochenprogramm gehört, die Bäder in Dublin waren jedoch oft nur vormittags allgemein zugänglich und nicht gerade günstig. Tanzen war einfacher. Der Besuch eines neuen Clubs gehörte praktisch zum Wochenendprogramm. Und Aerobic-, Jazztanz- und Flamencokurse wurden zu vernünftigen Preisen und in zentral gelegenen Studios angeboten.

Das Fitness-Center, in dem Susana und ich uns eines Abends anmeldeten, lag im Herzen von Temple Bar, Dublins ehemaligem Kreativ- und jetzigem Touristen- und Ausgehviertel. Mitarbeiter unserer Firma konnten dort seit kurzem fast kostenlos Mitglied werden. *Employee benefits* nannte sich so etwas. Das kleine *gym* war in einem schmalen, dreistöckigen Backsteinhaus mit gläserner Fassade untergebracht. Wenn man sich unten umgezogen hatte, lief man unter den Blicken von Passanten in den ersten Stock, wo rund zwanzig Geräte aufgestellt waren.

Da auch dieser Raum von unten einsehbar war, entschieden wir uns für einen Aerobic-Kurs im zweiten Stock. Susana bestand darauf, dass wir uns möglichst weit weg von der Fensterfront positionierten. Ich freute mich auf ein bisschen Bewegung, sanft motiviert von einer freundlichen Stimme, die uns bitten würde, diese oder jene Übung doch wenigstens einmal zu versuchen. Doch Carol verfolgte eine Trainingsmethode aus den USA, Drilling genannt. Ihr sympathisches Gesicht verzerrte sich, als sie uns in martialischem Befehlston zurief: „Hintern runter! Tiefer! Eins, zwei, drei. Jesus, ein Haufen alter Leute ist das. Bewegt euch!" Passenderweise trug sie eine Military-Hose und ein hautenges Muscle-Shirt, unter dem sich jede Faser ihres gestählten Oberkörpers abzeichnete. Später drehte sie ihr kabelloses Mikro zur Seite und heizte uns mit ihrer Trillerpfeife ein. „Los, vorwärts! Denkt dran, dass bald Bikini-Zeit ist!" Ein Fenster stand weit offen. In den Büros gegenüber und unten auf der schmalen, kopfsteingepflasterten Straße hörte man garantiert jedes Wort.

Ein paar Mal gingen wir auch zum *Irish dancing*. Irischer Tanz boomte, seit man sich wieder auf sein *Hibernian heritage*, sein irisches Erbe, besann. Neben Massenveranstaltungen wie „Riverdance", die auch in Dublin immer ausgebucht waren, gab es Pub-Abende mit *Irish dance lessons*. Einmal pro Woche konnte jeder ohne Anmeldung und gegen eine kleine Gebühr traditionelle irische Tänze erlernen. Es war eine ungezwungene, etwas verschrobene und lustige Angelegenheit, bei der sich Menschen aller Altersgruppen und Gesellschaftsschichten gemeinsam amüsierten.

Obwohl oder auch weil ich seit langem mal wieder Sport gemacht hatte, wurde ich krank. Nichts Schlimmes, eine starke Erkältung, aber ich konnte den dritten Tag in Folge nicht zur Arbeit gehen und brauchte ein Attest. Im *Medical Centre* nebenan war morgens zwischen 10 und 12 Uhr Sprechzeit. Eine ältere Frau öffnete die Holztür und bat mich in einen kleinen Raum mit vier Stühlen. Außer mir war niemand da. Vor dem Fenster hingen ehemals weiße Gardinen, das Licht im Raum war diffus. Ich setzte mich mit dem Blick zum Eingang. Daneben öffnete sich sogleich ein Fenster in einem Einbau aus dunklem Holz, und die Frau fragte mich nach meiner Versicherungskarte und dem Geld für die Standardgebühr, die man in Irland schon lange vor Einführung der Praxisgebühr in Deutschland zahlen musste. Dann hatte der Doktor Zeit für mich und empfing mich in einem circa vier Quadratmeter großen Raum. Ich quetschte mich an ihm und der Liege vorbei. Er fand in Windeseile heraus, dass ich nur eine starke Erkältung hatte, und stellte das Attest aus. Als ich wieder draußen war, war ich froh, dem Hexenhäuschen heil entkommen zu sein.

Es war herrlich, einmal wochentags im Bett zu bleiben und zwischen britischen, amerikanischen und irischen Sendern hin- und herzuzappen. Zumindest bis ich alle Soaps gesehen, die meisten Gags der Comedians nicht wirklich verstanden und das Fernsehen in Irland als „rubbish TV" denunziert hatte. Später machte ich das Radio an und blieb bei einer Gälisch sprechenden, sehr jung klingenden Frau hängen. Das einzige Wort, das ich verstand, war Taoiseach, Premierminister. Auf einem anderen Sender konnten die Hörer ihre Meinung dazu äußern, ob ihnen das Nummernschild ihres Wagens wichtig sei. Um die Brisanz des Themas möglicherweise verstehen zu können, muss man wissen, dass die ersten zwei Ziffern eines irischen Auto-Kennzeichens für das Jahr der Erstzulassung stehen und dass ein Wagen sein Leben lang dasselbe Nummernschild behält, auch wenn er den Besitzer wechselt. Jeder, der bis zehn zählen kann, sieht also, ob man einen alten oder einen nagelneuen Wagen fährt. Ein Anrufer sagte, er habe einfach ein gutes Gefühl dabei, wenn sein Pkw aus dem laufenden Jahr stamme. Daraufhin wollte ein Mann daran erinnern, dass ein Auto in erster Linie ein Gebrauchsgegenstand sei, „wie ein Eimer oder ein Rasenmäher". Die nächste Anruferin wies darauf hin, dass sich die Männer in ihrer Nachbarschaft mittlerweile nicht nur gerne über neue Geländewagen-, sondern auch über Rasenmähermodelle unterhielten.

Kurz darauf muss ich eingeschlafen sein. Im Traum war ich mit meiner Freundin Katja an der Côte d'Azur. Die Sonne schien heiß, kein Lüftchen wehte. Die Wärme durchströmte mich und der Sand war puderzuckerweich. Wir waren beide ein paar Jahre jünger und lernten zwei Männer in unserem Alter kennen, von denen einer aussah wie Alex und der andere wie Katjas langjähriger Freund Peter. Einer von beiden – ich sah nicht, wer es war – schwamm weit raus, geriet außer Sicht und kam nicht mehr wieder.

Hoffentlich war das kein schlechtes Omen. Katja würde in ein paar Tagen zu uns kommen, und ich delirierte vor mich hin. Ich kannte Katja seit einer Ewigkeit, aber jetzt war sie so weit weg. Ich freute mich auf sie, darauf, ihr alles zu zeigen, zugleich hatte ich ein bisschen Angst vor ihrem Besuch. Wie würde sie Dublin, Alex, mein neues Leben finden? Was sollte ich ihr zuerst zeigen? Auf jeden Fall müsste ich bei ihrer Ankunft wieder fit sein.

Ich griff nach meiner Lektüre. Während der ersten Monate in Dublin hatte ich so wenig gelesen wie nie zuvor. Vielleicht, weil ich mehr als sonst unterwegs war. Wohl auch, weil ich ständig übermüdet war und mir nach ein paar Zeilen die Augen zufielen. Seit unserem Umzug hatte sich das gebessert. Und seit Saragh mir ein Buch von Marian Keyes geliehen hatte, las ich bei jeder Gelegenheit. Ich war geradezu süchtig nach ihren leicht konsumierbaren, lustigen und zugleich berührenden Unterhaltungsromanen über junge Frauen um die dreißig, die mit ihrem Leben haderten oder zumindest nach einem Schicksalsschlag strauchelten und dennoch über das Skurrile daran lachten. Irischer Witz in Geschichten, die mal mehr, mal weniger in Dublin spielten. Ich hatte das Gefühl, durch die Protagonistinnen die echten Dubliner etwas besser zu verstehen.

Die Autorin selbst, Jahrgang 1963, war übrigens auch erst Ende der 1990er Jahre nach Dublin zurückgekehrt. Vorher ging sie in London einem Brotjob nach – und trank heimlich. Mit vierzehn hatte sie begonnen, so ihre Schüchternheit und Ängste zu verdrängen. Erst als Dreißigjährige kam sie vom Alkohol los und schickte selbst verfasste Kurzgeschichten an einen englischen Verlag, der sie zu ihrem ersten Roman „Wassermelone" ermutigte. Das habe sie gerettet, sagte Keyes später immer wieder.

Vielleicht hatte es Marian Keyes auch wieder nach Dublin gezogen, weil auf Einkommen aus künstlerischer Arbeit in Irland keine Steuern fällig wurden. Keyes' Bücher waren ein riesiger finanzieller Erfolg. Auch ihren neuesten Roman hatte ich im Bestsellerregal meiner Lieblingsbuchhandlung gefunden – auf dem Schnäppchentisch mit „3 for 2"-Angeboten (drei zum Preis von zweien) wäre mir lieber gewesen. Eines fiel mir in irischen Buchhandlungen immer wieder auf: Unter den Bestsellern, den Neuerscheinungen und den „3 for 2"-Angeboten waren extrem viele irische Autoren, vor allem in der Belletristik. An der Auswahl im Bereich Zeitgeschichte konnte man auch sehen, dass der Osteraufstand, der Irische Bürgerkrieg und die IRA für den irischen Buchmarkt das waren, was das Dritte Reich und der Zweite Weltkrieg für deutsche Buchhandlungen und Verlage bedeuteten. Auch die vielen Titel über das neue Irland fielen ins Auge: „Die Neugeburt Irlands", „Der Celtic Tiger und die Globalisierung" und „Das kosmopolitische Irland". Und es gab jede Menge Ratgeber zum Thema „Wie man im Handumdrehen reich und erfolgreich wird".

Ich las gerade, wie Aishling, die Heldin meines aktuellen Keyes-Buchs, wieder einmal von ihrer skrupellosen englischen Chefredakteurin Lisa gedemütigt wurde, als es klingelte. Träge ließ ich das Buch sinken und schälte mich aus den Decken. Vor der Tür stand Susana, die netterweise mein Attest abholen wollte. Ich bot ihr einen Tee oder Kaffee an, aber sie wollte gleich weiter. Mikel und sie bekämen in zwei Stunden Besuch von seinen Kollegen und sie müsse noch was zu essen vorbereiten. Mikel und Susana verbrachten kaum einen Abend alleine zu Hause. Wenn sie nicht ausgingen, kochten sie für Freunde. In Straßburg hatten Alex und ich das auch oft getan. Ich nahm mir vor, solche Abendessen wieder verstärkt einzuführen.

Susana überreichte mir eine selbst gebastelte Karte mit Unterschriften und guten Wünschen von Leuten aus unserem Team. Ich war verwirrt. Solche Karten bekam man sonst nur zum Abschied. Ich hatte doch nicht aus Versehen gekündigt?! Aber dann las ich „Erhol dich gut. Viele Grüße, Raúl". Und: „Komm bloß nicht zu früh wieder. Auf deinem Lieblingsplatz sitzt es sich super. Saragh XXXX." Ich musste lachen. „Ich soll dich von Raúl fragen, ob wir nicht viel netter sind als das deutsche Team." Susana grinste. Ach so, das steckte dahinter. „Aber ja." Ich versuchte, meine heisere Stimme sanft klingen zu lassen. „Ihr seid die lustigsten und liebsten Kollegen, die ich je hatte." Das war nicht mal gelogen.

Zwei Tage vor St. Patrick's Day sollte Katja ankommen. Ich wollte den Linienbus zum Flughafen nehmen, der laut Fahrplan eine Stunde, im Alltag eher anderthalb Stunden vom Zentrum aus brauchte. Die Benutzung des schnelleren Flughafenbusses war nicht im Monatsticket enthalten. Natürlich war zur offiziellen Abfahrtszeit kein Bus in Sicht. Es war nicht ungewöhnlich, dass Busse völlig ausfielen und sich Wartende an Bushaltestellen Taxis teilten, um zur Arbeit zu kommen. Das Dubliner Bussystem war wirklich je nach Laune ein Ärgernis oder eine Lachnummer. Es kam auch vor, dass ein Busfahrer unangekündigt eine andere Strecke fuhr. Dann tat jeder im Bus zunächst, als sei alles völlig normal. Vielleicht würde sich das Problem ja von selbst lösen. Nach ein paar Minuten fragten die ersten Fahrgäste andere Fahrgäste, ob sie wüssten, was das bedeute. Niemand wandte sich an den Fahrer, denn die Busfahrer alten Schlags waren sehr streng. Man durfte sie während der Fahrt nicht ansprechen. Man durfte auch nicht unnötig rumstehen und den Weg versperren, oben war es ganz verboten zu stehen und natürlich durfte man nicht im Bus rauchen oder essen. Für alles gab es entsprechende Schilder. Besonders das Im-Weg-Rumstehen konnten irische Busfahrer kurz vor ihrer wohlverdienten Rente gar nicht leiden. Wenn jemand in dieser Hinsicht auffällig wurde, rief ein Fahrer schon mal durch den ganzen Bus: „Sie in der grünen Jacke, hinsetzen! Oben sind noch Plätze frei!" Da half es einem nichts, darauf hinzuweisen, dass man an der nächsten Haltestelle raus wollte. Wohl um zu demonstrieren, wer hier das Sagen hatte, ließ einen der Chef auch nur vorne aussteigen. Die hintere Tür wurde nur geöffnet ... ja, wann eigentlich? Manchmal, wenn an einer Endhaltestelle so viele Leute aussteigen wollten, dass es sehr lange gedauert hätte, sie durch die schmale Vordertür zu schleusen. Und wenn der Busfahrer ausschließen konnte, dass sich ungesehen jemand durch die Hintertür einschleichen würde, nehme ich an.

Schließlich saß ich in einem Bus, der zum Flughafen fuhr. Der Regen prasselte gegen die beschlagenen Scheiben. Ich war schon ganz schläfrig, als ein alter Mann einstieg, sich neben eine etwas jüngere Frau setzte und ein Gespräch begann. Am Morgen habe es noch so gut ausgesehen ... Na, wenigstens sei es gestern „a soft day" gewesen. Die Frau stimmte zu und stellte gleich besseres Wetter in Aussicht. Alltäglicher Small Talk also.

Ich war beinahe eingenickt, als die Frau dem Mann aus Cork erklärte: „In dem Pub dort drüben hat der *Taoiseach* früher getrunken .“ Gemeint war Premierminister Bertie Ahern. Ich folgte dem Blick der beiden, wischte das Fenster frei und sah einen großen Pub, der etwas vornehmer und größer aussah als eine Eckkneipe.

„Unter anderem hier“, sagte sie. „Er hat ja sein Leben lang hier in der Gegend gewohnt. Er schien so ein guter Mensch zu sein. Jetzt weiß man nicht mehr, was man von ihm halten soll.“ Und der alte Mann ergänzte vage: „Ja, man dachte, er sei einer von uns.“

Bertie Ahern war über zehn Jahre lang Regierungschef der Republik Irland. Im Jahr 1997 wurde er mit 45 Jahren Premierminister. Seine zweimalige Wiederwahl hat der *north-sider* der positiven Bilanz seiner Regierungszeit und der Beliebtheit seiner Person zu verdanken. Ahern gab sich immer als einer aus dem Volk: bodenständig, auf sympathische Art ehrgeizig, ein Kumpeltyp, der durch eigene Kraft und harte Arbeit nach oben gekommen war. Sein Vater kämpfte im Irischen Unabhängigkeitskrieg und im Bürgerkrieg an der Seite von Éamon de Valera. Als Kinder sollen Bertie und seine älteren Brüder Noel und Maurice – beide sind auch Berufspolitiker in Irlands größter Partei Fianna Fáil – erlebt haben, wie hinterm Haus Waffen für die IRA gelagert wurden. Bertie Ahern war immer ein Fan der *Gaelic games* und besuchte auch als Regierungschef regelmäßig GAA-Spiele in Croke Park und Rugby-Spiele in der Lansdowne Road. Und jeden Samstagabend ging der gläubige Katholik zur Messe in die St. Mary's Pro Cathedral.

Die Laufbahn des Patrick Bartholomew („Bertie“) verlief nicht reibungslos. Nach ein paar kleineren Hürden kam es zum Skandal, als er 1992 seine Frau und Mutter seiner beiden Töchter zugunsten einer Fianna-Fáil-Aktivistin verließ, während er Bürgermeister von Dublin war und bevor 1997 Scheidung in Irland legal wurde. Aherns Karriere blieb dennoch ungebrochen. Er wurde Verteidigungsminister, Arbeitsminister, Finanzminister, Mitglied des Vorstandes des Internationalen Währungsfonds, Vorsitzender der Europäischen Investitionsbank, für kurze Zeit stellvertretender Premierminister und der am längsten amtierende irische Premier nach dem Zweiten Weltkrieg. Die Menschen mochten ihn, weil er war wie sie: Bertie Ahern war ein Stehaufmännchen, der das Beste vom alten Irland erhalten und das Meiste aus den neuen Möglichkeiten schöpfen wollte. Und es gelang Ahern lange, den Iren zu vermitteln, dass es ihm nicht in erster Linie um sich selbst, sondern um das Wohl seines Landes ging. Bis in den letzten Jahren immer mehr Korruptionsvorwürfe laut wurden. Er soll etwa als Finanzminister von diversen Geschäftsleuten 39 000 Irische Pfund angenommen haben. 1994 zahlte er 50 000 Irische Pfund auf sein Bankkonto ein und behauptete, dies seien Ersparnisse aus seiner Zeit als Arbeits- und Finanzminister, als er kein eigenes Bankkonto hatte (1987–1994). Zunächst lachte man noch darüber, aber als das Ausmaß der Geldschiebereien bekannt wurde und Ahern auch noch das Gehalt des Taoiseach um 38 000 Euro im Jahr auf 310 000 Euro anhob – mehr als jeder andere Regierungschef innerhalb der EU und mehr als der US-Präsident verdient –, war die Beliebtheit des Dubliners dahin. Von einem Tag auf den anderen hörte und las man fast nur noch Schlechtes über ihn, der wie kein anderer zu Irlands Wirtschaftsaufschwung, internationalem Ansehen und zum Frieden in Nordirland beigetragen hatte.

Am Flughafen war die Hölle los. Es wimmelte vor Menschen, die sich an Absperrungen vorbeizwängten. Auch hier wurde an allen Ecken umgebaut und erweitert. In der Eingangshalle liefen große Fernseher ohne Ton. Es war Sonntag. Alex war mit Till zum Golfspielen gefahren. Sie taten das jetzt öfter. Beide schwärmten neuerdings vom Golfen. In Straßburg hätte Alex diese Leidenschaft wohl nie entdeckt, aber hier war das Schlägerschwingen auf gepflegtem Grün auch ohne Mitgliedschaft in einem elitären Club vielerorts möglich.

Katjas Maschine war gelandet. Himmel, war ich aufgeregt! Der erste Mensch aus meiner Vergangenheit nach mehr als einem halben Jahr. Dann kam sie, mit einer Menge Gepäck. Sie sah aus wie immer und doch anders. Ich hatte allen erzählt, meine älteste und beste Freundin käme zu Besuch, aber die Katja, die mir nun entgegenging, war mir erst mal nicht so vertraut wie Julie oder Yasmina. Als Katja vor mir stand, sagte sie: „Hi, Kleine. Was ist los? Erwartest du jemand anderen?" Sie lachte mich an. Ich bewegte die Lippen fast vollautomatisch: „Hi, Große. Schön, dass du da bist", und meinte es, auch wenn ich noch immer wie erstarrt war. Dann drückte Katja mich an sich und sagte leise: „Hab dich vermisst." Das war zu viel. Mir schossen Tränen in die Augen und ich murmelte etwas, das sich anhörte wie: „Ich dich auch."

Ja, ich hatte sie vermisst, das Verständnis füreinander, das man vielleicht nur hat, wenn man praktisch miteinander aufgewachsen ist, die innigen Gespräche, ihren Humor, den mündlichen Schlagabtausch, der mir so nur in meiner Muttersprache und somit nicht mal mit Alex möglich war. Und ich hatte nicht nur Katja vermisst. Das Heimweh der ersten Monate holte mich kurzfristig wieder ein. Stopp, das war jetzt der falsche Moment. Eigentlich müsste ich vor Wiedersehensfreude jubeln. Ich sah mich nach Vorbildern um, fand aber um uns herum nur ineinander verschlungene Paare, quengelnde Kinder und in Tränen aufgelöste Frauen. Vielleicht brachte einen das Wetter einfach zum Weinen.

Katja war noch nie in Irland gewesen. Wenn ich nicht nach Dublin gezogen wäre, wäre sie nie auf die Idee gekommen, ein paar Urlaubstage für einen Besuch auf dieser Insel zu opfern. „Viel zu kalt und verregnet", hatte sie schon gesagt, als ich ihr von Straßburg aus von meinen Plänen erzählte. Sonne, Wärme, Strand und ein ausgeprägtes Partyleben waren für Katja normalerweise unerlässlich, um sich aus ihrer vertrauten Umgebung wegzubewegen. Wenn schon Städtetrips, dann musste es Barcelona, Istanbul oder Nizza sein. Umso mehr bedauerte ich, dass Irland bei ihrer Ankunft so sehr dem Klischee des verregneten Eilands entsprach. Konnte nicht schnell kräftiger Wind aufkommen und die Regenwolken vertreiben?

Zu Hause packte Katja ihre Mitbringsel aus. Sie hatte an alles gedacht: Bauernbrot, luftgetrocknete Salami, diverse Weichkäse, geruchsdicht verpackt, Quark und Käsekuchenhilfe zum Käsekuchenbacken, meine bevorzugte Gesichtscreme, jede Menge deutscher Zeitschriften, ein deutsches Hörbuch und sogar frischen Kuchen. „Zum sofortigen Verzehr gedacht", sagte sie und half mir den Tisch zu decken.

Zunächst äußerte Katja sich überhaupt nicht über ihre Eindrücke von Dublin, über unser Viertel und die Wohnung. Ich war ganz froh darüber. Wir unterhielten uns, als ob wir uns in Deutschland nach längerer Zeit wiedersahen. Nach einiger Zeit hellte es draußen auf und ich konnte sie dazu bewegen, eine Tour durch ein kleines Viertel mit puppigen Backsteinhäuschen und verwilderten Gärten in der nächsten Nachbarschaft zu machen.

Auch die nächsten Tage waren grau, der Regen verzog sich nur stundenweise. Ich war untröstlich und suchte Katja alle möglichen Ausstellungen raus, die sie tagsüber besuchen könnte. Aber Katja schien das Wetter nicht viel auszumachen. Sie saß die meiste Zeit in unserer Wohnung, las Romane, die

sie in weiser Voraussicht mitgebracht hatte, und versicherte
mir, sie sei zufrieden und glücklich. Endlich könne sie mal
den ganzen Tag lesen. So viel Zeit habe sie schon ewig nicht
mehr dafür gehabt.

Am St. Patrick's Day ging sie dann doch in die Stadt.
Alex und ich konnten die große Parade mittags nicht sehen,
wir mussten arbeiten. Zum Ausgleich bekam man einen
Urlaubstag mehr. Im Februar war mir eingefallen, dass ich
mir am St. Patrick's Day frei nehmen könnte. Das war, bevor
Susana mich aufklärte, dass sich die Hälfte des Teams spätestens im Herbst diesen Tag als Urlaubstag gesichert hatte.
Ich fragte Raúl dennoch, ob ich vielleicht … Er sah mich mit-
leidig an und schüttelte den Kopf. „I'm so sorrrry, Janehd.
Irgendjemand muss ja die Anrufe entgegennehmen." Ich
fand seine bestürzte Miene etwas übertrieben. Dann fiel ihm
ein, dass ich erst ein halbes Jahr in Irland war und dass es
auch in dieser Firma so etwas wie eine Hierarchie gab. „Aber
du kannst dich gerne auf die Liste für nächstes Jahr setzen
lassen. Ich werde sehen, was ich für dich tun kann."

Seit Tagen sah man Menschen mit grün-weiß-orangefarbenen Fähnchen, Ansteckern, Trillerpfeifen und Perücken,
mit Kleeblättern auf Taschen, T-Shirts, Wangen und Jacken.
Grüne Trikots trugen irische Jungs und Männer ohnehin
gerne. Auch bei der Arbeit waren einige maskiert. Es war
ein bisschen wie Fasching. Abends war ich mit Katja, Alex
und Frédo in der Stadt verabredet. Überall war es *black with
people* (irre voll). Katja störte das Gedränge nicht. Irgendwann fanden wir einen Pub, in den wir noch reinpassten.
Die Leute um uns herum waren alle zumindest angetrun-
ken und amüsierten sich lautstark. Wir versuchten, auch in
Stimmung zu kommen, und sangen im Chor mit Kana-
diern, Amerikanern und Leuten aus Kilkenny Pub-Songs.
Katja amüsierte sich, das war die Hauptsache. Mir war ehr-

lich gesagt ein Pub-Besuch an einem normalen Samstagabend lieber.

Nach den Kneipen entdeckte Katja noch etwas, das sie an
Dublin mochte: das Shopping. Den Boutiquen in der Innenstadt konnte eigentlich niemand widerstehen. An den Abenden zeigte ich ihr meine Lieblingspubs, -bars und -restau-
rants. Wir liefen nachts gemeinsam an der Liffey oder die
Thomas Street entlang und gruselten uns ein bisschen, als
auf der James's Street kein Mensch mehr zu sehen war. Für
mich war es ein angenehmer Grusel, für sie nicht. Sie roch
den Malzgeruch und mochte ihn nicht. Für mich dagegen
signalisierte er: Du kommst nach Hause. Katja war Dublin
gleichgültig, sie war wegen mir gekommen. Das machte
ihren Besuch umso wertvoller; andererseits hätte ich mir
gewünscht, dass sie in irgendeiner Weise von der Stadt be-
rührt gewesen wäre. Aber vielleicht war das unmöglich in
nur sechs Tagen. Vor allem, wenn man kaum mit Dublinern
sprach. Dann erfuhr man nichts von ihrer Freundlichkeit,
Herzlichkeit und dem wunderbaren Humor. Ich hätte Katja
gleich am Anfang mit Julie und Saragh zusammenbringen
sollen. Jetzt war es dafür zu spät. Es war unser letzter Abend,
und Katja sagte, sie habe sich wunderbar erholt und diese
Tage seien genau das gewesen, was sie nach den stressigen
Wochen im Job gebraucht habe. Am nächsten Morgen flog
sie ab.

April – Der unbekannte Norden

„ES KAM MIR IMMER VOR, als wäre der Norden ein anderes Land", sagte Saragh. Im Gegensatz zu sonst sprach sie zögerlich. „Als ich ein Kind war, gab es jeden Tag neue schreckliche Nachrichten: Bombenanschläge, Hungerstreiks, ständig Tote. Aber das war so weit weg." Und dann das Hin und Her im Friedensprozess. Irgendwann wollte man in ihrer Familie nichts mehr davon hören. Selbst ihre Schwester Kate, „die als Studentin dumm genug war, für die IRA zu marschieren" (Saragh), verlor das Interesse. In den achtziger Jahren sei Kate überzeugt gewesen, dass der Kampf der IRA politisch sei; heute halte sie ihn für einen Mafiakrieg.

Saragh band ihre Haare zu einem Pferdeschwanz zusammen und rollte sich in ihrem Sitz ein. Ich sah ihr Unbehagen und merkte, dass fast alle Gespräche im Bus verstummt waren. Das musste irgendwann vor der Grenze passiert sein. Nur die Spanier hatten sich wie fast immer über Sitzreihen hinweg eine Menge zu erzählen. Vermutlich waren die meisten unter uns einfach müde. Wir waren im Morgengrauen aufgebrochen, zum jährlichen Firmenausflug übers Wochenende. Vielleicht hatte die ungewohnte Ruhe aber auch mit dem Ziel Nordirland – von Dublinern meist nur *the North* genannt – zu tun. Jedenfalls hätten Saragh, Emer und Maeve am liebsten schweigend aus dem Fenster gesehen oder geschlafen, wenn man sie gelassen hätte.

Olli, Yasmina und ich waren ziemlich aufgedreht, obwohl wir nur ein paar Stunden geschlafen hatten. Ich war gespannt auf die Natur, die Menschen, die Städte. Mir fiel auf, dass ich praktisch nichts über den nördlichen Teil der Insel wusste; eigentlich verband ich fast nur die *Troubles* damit. Im Südteil der Insel war der Norden kein Thema, außer es gab wirklich durchschlagende Erfolge im Friedensprozess. Für gewöhnlich versuchte man jedoch, diesen unangenehmen Aspekt irischen Lebens zu vergessen. Selbst Julie, die aus Belfast kam, sprach selten darüber.

Dies war meine erste Reise, seit ich im August in Dublin gelandet war. Alex und ich hatten in den letzten Wochen immerhin ein paar Tagesausflüge ins Dubliner Umland unternommen, nachdem wir akzeptiert hatten, dass, wer in Irland auf eine stabile Wetterlage wartet, nichts vom Land zu sehen bekommt. Wir waren mit Marion und Till bei mildem Frühlingswetter durch die barocken Powerscourt Gardens spaziert und an leuchtenden Stoppelfeldern und Heuballen vorbei zum Hügelgrab von Newgrange gefahren. Als wir ankamen, regnete es Bindfäden. Wir schlängelten uns durch einen langen Gang bis zur 5000 Jahre alten Grabkammer einer vorkeltischen Kultur und waren beeindruckt davon, wie dieser kleine Raum am Tag der Wintersonnenwende von Sonnenstrahlen erhellt wurde.

Mein bisheriges Lieblingsausflugsziel war Glendalough. Das „Tal der zwei Seen" lag rund vierzig Kilometer von Dublin entfernt in den Wicklow Mountains. Zunächst war es ein bisschen unangenehm, mit den Touristenmassen aus dem Reisebus, der uns hierher gebracht hatte, um die Ruinen einer Klosterkapelle, eines Rundturms und um keltische Kreuze zu schleichen – zu viele Menschen für so einen spirituellen Ort. Doch als stärkerer Wind aufkam und es zu tröpfeln begann, suchte die Mehrheit der Besucher Zuflucht in den angrenzenden Cafés und Restaurants. Alex und ich wanderten bergauf, durch dunklen Wald hindurch. Der Geruch von Moos und feuchter Rinde, das Rauschen in den hohen Bäumen … Gott, wie ich richtigen Wald vermisst hatte! Stunden mussten vergangen sein, als das Ufer der Seen weit unten im Tal in der Dämmerung und in den dichter werdenden Nebelschwaden verschwand und wir umkehren mussten.

Die Fahrt bis an die Nordküste Irlands dauerte länger, als es auf der Karte ausgesehen hatte. Im Bus herrschte erwartungsvolle Spannung, nicht nur unter den Ausländern. Viele der Iren, darunter Maeve und Saragh, waren noch nie in Nordirland gewesen. Als Olli wissen wollte, warum, antwortete Maeve, sie kenne dort niemanden und der Norden sei für sie immer noch mit solch negativen Gefühlen behaftet, dass sie nie auf die Idee gekommen wäre, ohne konkreten Grund dorthin zu fahren.

„Höchste Zeit, dass du jetzt mal was davon siehst", meinte Julie.

Saragh bekannte, aus Angst habe sie sich während des Studiums zweimal Ausreden einfallen lassen, als nordirische Freunde sie zu sich nach Hause einluden. Johnny dagegen war oft in Belfast bei seinem Bruder und noch öfter bei seinem Kumpel Kevin, der kurz hinter der Grenze in Armagh arbeitete.

Emers Mann Robbie kam aus Holywood in der Nähe von Belfast. „In den letzten Jahren ist für mich als Außenstehende dort alles easy", sagte sie. „Robbie und seine Mutter sind jedoch immer noch vorsichtig. Sie achten zum Beispiel darauf, dass wir nicht mit einem Kennzeichen aus dem Süden in bestimmte Gegenden von Belfast fahren, schon gar nicht während der *marching season*." Sie selbst sei auch lange unruhig gewesen, wenn sie in den Norden fuhr. „Als ich sechzehn war, hatte unsere Tischtennismannschaft einen Wettkampf in Belfast. Wir hielten zweihundert Meter vor der

Grenze, weil jemand aus unserem Bus eine Musikanlage verzollen wollte. Dort hörten wir eine Explosion, sehr laut. Als wir über die Grenze fuhren, sahen wir das brennende Auto. Das war schrecklich. Später hörten wir, dass zwei Menschen darin gestorben waren."

„Das Gefühl der Unsicherheit schwingt bis heute mit, obwohl es natürlich wunderbar ist, dass sich jetzt selbst die Unionisten zu bewegen scheinen." Emer machte eine Pause, als warte sie auf Unterstützung. „Allein wie Ian Paisley sich verändert hat. Ich hatte ihn nur als wild schimpfenden, rot angelaufenen Fanatiker in Erinnerung. Natürlich waren die Katholiken auch nicht besser."

Johnny war in der Nähe des nordirischen Städtchens Omagh gewesen, als dort im August 1998 eine Autobombe hochging und 29 Menschen tötete und Julie hatte in Belfast und drum herum sicher genug militante Szenen erlebt, um die ganze Fahrt über davon zu sprechen. Aber niemand wollte weiter diesen deprimierenden Aspekt der irischen Vergangenheit aufwühlen.

Julie betonte lieber, dass sie in Belfast immer weniger Fanatismus spüre, dass ihre Familie und Freunde weniger Angst hätten und es ihnen auch finanziell besser gehe. „Das ist es doch, was zählt. Die Leute sind immer besser ausgebildet, es gibt mehr Jobs. Man weiß nicht mehr unbedingt, wer Katholik und wer Protestant ist. Vielleicht hat der Norden den Süden in zehn Jahren wirtschaftlich eingeholt, vielleicht bald darauf überholt. Wer kann das heute schon wissen?"

„Good point." Saragh löste ihren Zopf und schlang ihre Haare zu einem losen Knoten auf dem Hinterkopf.

„Außerdem ist Nordirland noch nicht so zugebaut." Cormac, Johnnys Mitbewohner, brachte sein Lieblingsthema aufs Tapet. Cormac kam aus einem kleinen Dorf in der Grafschaft Mayo an der Grenze zu Galway und sprach bei jeder

Gelegenheit über die Zerstörung der irischen Natur. „Als ich ein Kind war, hatten wir zwei Nachbarn. Nur Wiesen, Weiden und Felder um uns herum", erzählt er. „Jetzt sieht man fast kein Grün mehr, auch keine Cottages, nur noch riesige Anwesen mit Ferienhäusern und asphaltierten Parkplätzen."

„Nah, not again! Dann tu was dagegen, Junge! Demonstrier, kette dich am Bagger fest oder geh zu den Grünen. Was weiß ich. Aber heul uns nicht ständig die Ohren voll." Johnny war manchmal hoch explosiv.

„Wha? What's your fucking problem? Du hältst doch selbst dauernd Vorträge darüber, dass die Leute nur noch konsumieren und nicht über die Konsequenzen nachdenken. Dass jeder darauf bedacht ist, ständig *busy* zu wirken, um nicht als Versager dazustehen. Und das Schlimmste ist: Du hast Recht. Also sei still und guck dir die großartige Landschaft draußen an, anstatt hier so einen Müll zu reden."

„C'mon lads, calm down." Julie klopfte Cormac beruhigend auf den Rücken. „Was ich noch sagen wollte: Noch braucht der Norden den Süden mehr als umgekehrt, aber wer weiß, wie lange das noch so sein wird. Glücklicherweise ist es durch Europa nicht mehr so wichtig, ob Irland sich einig ist oder nicht. Ich glaube, das hat auch viel für den Friedensprozess getan. Anyway. Anyone who's not confused in Northern Ireland doesn't know what's going on."

„Bist du jetzt fertig, Julie?" Johnny stand immer noch unter Dampf. „You're driving me nuts as well. Du hättest Lehrerin werden sollen oder Tierärztin oder irgendwas mit kleinen hilflosen Wesen, die sich nicht wehren können, wenn du ihnen stundenlange Vorträge hältst."

„Ah, Johnny. Don't be daft (blöd, albern). Dann hätten wir uns doch nie kennengelernt. Oder hättest du dir dann extra einen Hund angeschafft?"

Sicher nicht. Johnny hatte panische Angst vor Hunden.

Die Landschaft im Norden war wirklich atemberaubend: rau, aber grün und hügelig. Kurz vorm Ziel fuhren wir ein Stück direkt an der Küste entlang. Unter uns kleine Buchten mit Sandstrand, Seegras und fast schwarzen, hellbraunen und weiß-grau gefleckten Felsbrocken. Wir befanden uns an der nordöstlichen Ecke Irlands. Andrea zeigte uns auf der Karte, wie nah Schottland war.

Der Giant's Causeway ist eines dieser Naturphänomene, die man als geologisch ungeschulter Besucher nur ehrfürchtig bestaunen kann. Im *Visitor Centre* erfährt man, wie diese etwa 40 000 meist sechseckigen Basaltsäulen, die weit ins Meer hineinragen, entstanden sind. Und dass an der schottischen Küste gegenüber ganz ähnliche Steinformationen gefunden wurden. Was läge da näher, als an die Legende zu glauben, nach der ein Riese den Damm baute, um trockenen Fußes nach Schottland zu kommen, wo er mit der Tochter des dort ansässigen Riesen den Bund der Ehe eingehen wollte.

Vor uns lag ein kilometerlanges Band gleichmäßig geformter Steine. Wo die Flut sie überspülte, waren die Säulen glitschig. Wir gingen am Wasser entlang, der Wind riss an unseren Haaren und Kleidern. Es war einfach großartig. Dublin gehörte vielleicht nicht zu den schönsten Städten Europas, aber die irische Natur spielte in der Top-Liga.

Die Wolken zogen sich irre schnell zusammen, bäumten sich auf, dann brach der Himmel auf. Es goss sintflutartig, urplötzlich. So plötzlich, wie ich es in Dublin nie erlebt hatte. Eine leichte Panik brach aus. Die Spaziergänger eilten zurück zum Besucherzentrum, das bereits überfüllt war. Andrea und die Leiterin des französischen Teams versuchten, uns so in Gruppen einzuteilen, dass die Kleinbusse, die draußen warteten, uns ohne große Umwege zu unseren Hotels und B&Bs bringen könnten.

Saragh, Susana, Yasmina und ich waren in einer Mini-Pension mit romantisch-rustikalen Zweibettzimmern untergebracht. Als wir dort ankamen, war die Umgebung dunkel. Stockdunkel. Der Hausherr kam uns entgegen, ohne ihn hätten wir nicht mal den Kiesweg zum Eingang gefunden. Michael bot an, uns später zum Pub mitzunehmen, das nächste Dorf befand sich ein paar Kilometer weiter weg. Wir waren aber müde und gingen früh zu Bett.

Am nächsten Morgen zog ich die Samtgardine auf und war vom Ausblick überwältigt. Vor mir lag ein ins leicht verschleierte Sonnenlicht getauchter grüner Abhang mit großen Weiden, die durch Hecken und Büsche unterteilt waren. Hier und auf dem sanft ansteigenden Hügel gegenüber standen und lagen ein paar Schafe. Das Tal dazwischen mit einem kleinen Waldstück, das links zur Bucht hin in einen weißen Strand überging, lag im Dunkeln. Sehr idyllisch und menschenleer. Nur am anderen Ende der Bucht standen ein paar Häuser im Windschatten des Hügels.

Nach dem Frühstück versuchten wir, einen Weg zum Strand hinunter zu finden, aber irgendwo war immer ein Gatter oder Drahtzaun im Weg. Das Hellblau des Himmels überm Land verschwand über dem Meer im weißen Morgendunst. Viel zu früh mussten wir Abschied nehmen. Ich schwor mir, mit Alex in dieses Paradies zurückzukehren.

Nach der Besichtigung der Bushmills Whiskey Distillery, der einzigen irischen Brauerei, die besichtigt werden kann, blieben uns nur zwei Stunden für einen Zwischenstopp in Belfast. Die alten Gebäude in der Innenstadt waren eleganter als die in Dublin. Julie führte uns in einen klassischen Pub zum Mittagessen. Die meisten Leute um uns herum sahen aus wie Geschäftsleute. Der Mann direkt neben mir sprach so hart und schnorrend, dass ich kaum etwas verstand. Wer Gerry Adams einmal hat reden hören, weiß, was ich meine.

Die Bedienung kam an unserem Tisch. „Are you gettin'?" Wir bestellten typisches *pub grub* und äußerten unsere Enttäuschung darüber, dass wir nicht genügend Zeit hatten, um durch die ehemals unruhigen Straßen Westbelfasts zu streifen. Jeder von uns hatte Bilder im Kopf von Labyrinthen aus Mauern mit Stacheldraht und von Wandgemälden mit Parolen wie „No surrender", Paramilitärs und der roten Hand Ulsters einerseits und „Vote Sinn Féin" und Marienbildern andererseits. Ich hätte gerne gewusst, ob man noch etwas spürte von der Unfreiheit, der Aussichtslosigkeit und dem Terror, dem insbesondere die katholische Bevölkerung ausgesetzt war, etwa die Familie Conlon im Film „Im Namen des Vaters". Ob man sich noch vorstellen konnte, dass Gerry Conlon (dargestellt vom gebürtigen Briten Daniel Day-Lewis, der heute im County Wicklow lebt und irischer Staatsbürger ist) dort Anfang der 1970er Jahre Altmetall klaute und, als er entdeckt wurde, gerade noch den britischen Soldaten einerseits und der IRA andererseits entkam. War noch etwas übrig vom Protestgeschrei der Katholiken, den Steinwürfen und dem Dröhnen der blechernen Mülleimerdeckel auf dem Asphalt? Existierte die Einteilung in katholische und protestantische Viertel so noch, gab es die engen Reihen von Backsteinhäuschen überhaupt noch? Julie hätte all das beantworten können, nur wollte ich es selbst erleben. Vielleicht im Mai oder Juni an einem *bank holiday*-Wochenende.

Ein paar Tage später las ich einen interessanten Artikel auf der Fahrt zur Arbeit. Seit unserem Nordirland-Trip drängte sich mir verstärkt die Frage auf: „Wer und was ist eigentlich irisch? Ist irisch sein wie deutsch sein?" Die Tatsache, dass ein beträchtlicher Teil der Bevölkerung in Nordirland sich als Briten fühlt, dass im Südteil Tausende frisch eingewanderter Ausländer leben und die irische Diaspora ein Vielfaches der tatsächlichen Bevölkerung Irlands ausmacht, erleichtert es nicht gerade, eine irische Identität auszumachen.

Der erwähnte Artikel erregte meine Aufmerksamkeit, weil er einen proklamierten Boom der Bildenden Kunst in Irland in Zusammenhang mit dem Wandel des irischen Selbstbilds brachte. Anlässlich einer Dubliner Ausstellung mit Werken junger irischer Künstler aus der Republik und aus Nordirland schrieb der Autor zunächst: „In der Vergangenheit gab es eine stillschweigende Vereinbarung über irische Identität, nach der *Irishness* vor allem auf verbaler, literarischer Ausdrucksfähigkeit beruhte. Dem Wort, ob geschrieben, gesprochen oder nur genuschelt, gilt unser größter Respekt." So weit nichts Neues. „In der Dichtung erkannte man die Tradition der Barden – auch wenn die Sprache der Besatzer verwendet wurde; der Bildenden Kunst blieb diese direkte Linie zum keltischen Erbe verwehrt. So erfuhr William Butler Yeats mehr Anerkennung als sein Vater und Bruder, die beide Maler waren." Die Malerei habe in den 1920er Jahren als provinzielles und zugleich „unirisches" Medium gegolten, zu einer Zeit, als irische Schriftsteller teilweise weltberühmt wurden (1922 erschien James Joyces „Ulysses" erstmals in Buchform; 1923 erhielt Yeats, 1925 George Bernard Shaw den Nobelpreis für Literatur).

„Zudem war Identität bis vor kurzem eine soziale Angelegenheit: Man war Mitglied einer Familie, einer Gemeinde, einer Volksgruppe. Man tat etwas nicht ‚für mich', sondern ‚für uns'. Heute ist Identität intimer, persönlicher, formbarer." Der Individualisierungsprozess, so der Autor, sorge nicht nur für ein wachsendes Interesse an Bildender Kunst, er zeige sich auch in der Kunst. Während Künstlern aus Nordirland „noch wichtiger ist, woher man kommt und zu wem man gehört" und sich in ihren Werken eher Symbole wie Flaggen, die rote Hand von Ulster, die Harfe oder das

Kleeblatt finden, würden Künstler aus dem Süden Anspielungen auf die traditionelle *Irishness*, wenn überhaupt, nur als Ausschmückung eines persönlichen Motivs einsetzen.

Im Gegensatz zu Dubliner Künstlern setzten das irische Fremdenverkehrsamt und die Werbewirtschaft die Symbole des alten Irlands gar nicht sparsam ein. Kleeblätter, grüne Wiesen und freundliche, rothaarige Iren auf Werbewänden und in Fernsehspots sollten den Verkauf von irischer Butter, „irischen Flügen" und irischen Teppichen ankurbeln. Jetzt war zwar die Welt in Irland zu Hause und man selbst viel unterwegs, das irische Erbe sollte aber nicht in Vergessenheit geraten. Im Prinzip eine gute Sache, vielleicht etwas zu schlicht in der Vermarktung, aber im Alltag schien das Konzept aufzugehen. In der Tourismusindustrie rumorte es jedoch, wie Lisa, Marys Freundin, die in der Branche arbeitete, uns vor kurzem beim Inder erzählt hatte. Unter ihren irischen Kollegen gebe es die Befürchtung, dass Irland einen Teil seiner *Irishness* dadurch verliere, dass fast nur noch Ausländer am Empfang, als Kellner und als Fremdenführer arbeiteten. „In niedrigen Positionen, aber eben da, wo der Kontakt zu den Touristen besteht. Wenn ich in Hotels anrufe, kommt es schon oft vor, dass mich derjenige am anderen Ende der Leitung nicht versteht." Viele ihrer irischen Kollegen hätten Angst, dass verloren gehe, wofür Irland bekannt sei: die Freundlichkeit der Menschen.

Meiner Meinung nach war es eher das Problem, dass Fáilte Ireland (gesprochen: foall-scha = willkommen) zu sehr am alten Image Irlands festhielt. Und die Bedienungen in Bars und Restaurants, die einen am freundlichsten bedienten, waren nicht unbedingt die irischen. Auch andere Erfahrungen Lisas waren interessant. Lisa hatte drei deutsche Kolleginnen, mit denen sie eng zusammenarbeitete; sie betreute deutsche Kunden, war während ihres Deutsch-Studiums zwei Monate in Nürnberg gewesen und hatte ihre Gastfamilie danach fast jedes Jahr zum Christkindlesmarkt besucht. „Ich mag deutsche Weihnachtsmärkte. Es gibt nichts Vergleichbares in Irland. Noch nicht. Und wenn es so etwas geben sollte, fehlen doch die Kälte und der Schnee, damit der Glühwein richtig schmeckt."

Lisa hatte also jede Menge Deutschland-Erfahrung. Ich fragte sie einmal nach den Unterschieden zwischen Deutschen und Iren aus ihrer Sicht. „Generell sind wir uns ziemlich ähnlich beziehungsweise natürlich in erster Linie Individuen", begann sie auf typisch irische Art diplomatisch. „Eine deutsche Kollegin nimmt die Witze eines sehr lustigen Kollegen immer wörtlich. Sie ist sehr ernst." Eine andere deutsche Kollegin sei völlig entspannt. Sie sei schon sehr lange in Irland. Und Lisa kannte sehr entspannte, lustige Leute in Deutschland. Die dritte Kollegin plane sehr gerne. „Bei Änderungen kommt sie immer ein wenig aus dem Konzept. Die Tourismusbranche ist sehr schnelllebig, oft wird kurzfristig umgebucht. Ich würde sagen, die Iren sind flexibler, nicht so leicht aus der Ruhe zu bringen. Wir haben auch oft deutsche Kunden am Telefon, die unbedingt im Herbst wissen wollen, in welchem Hotel sie im Juni untergebracht sind." Das musste den Iren mit ihrer Planungsphobie natürlich komisch vorkommen. „Die Kollegin, die so gerne plant, hätte es am liebsten, wenn alle Kollegen für immer blieben." Lisa schmunzelte. „Soweit ich das beurteilen kann, wechselt man generell in Irland den Arbeitsplatz häufiger als in Deutschland." Da konnte ich ihr nur zustimmen. „Und in unserer Branche ist die Fluktuation noch einmal höher", sagte sie.

Auch in unserer Firma blieb niemand für immer. In der Woche nach dem Firmenausflug verließ uns Yasmina. Sie hatte sich in einen Ghanaer aus London verliebt und wollte zu ihm übersiedeln. Ihre Eltern stimmten zu, weil Yasmina sich an einer Privat-Uni einschrieb. Ich nehme an, von ihrem Freund wussten sie nichts. Yasmina war voller Vorfreude, dennoch traten ihr und mir, Olli, Julie und noch ein paar anderen bei ihrer *leaving party* im Pub Tränen in die Augen. In Deutschland hätten Yasmina und ich uns sicher nie angefreundet. Unser familiärer und beruflicher Hintergrund, unsere Interessen, unser Alter und sogar unser Musikgeschmack waren zu unterschiedlich, als dass wir uns in gewohnter Umgebung füreinander interessiert hätten. Hier traten diese Kriterien in den Hintergrund. Nach ein paar Monaten kristallisierten sich neue heraus, aber anfangs war man unvergleichlich offener als zu Hause. Vielleicht war ich auch so traurig, dass sie ging, weil ich aus Erfahrung wusste, dass so eine Freundschaft die örtliche Trennung normalerweise nicht überlebt.

Vielleicht würde ich Yasmina in London besuchen. Ich versprach es ihr jedenfalls und drückte sie ganz fest. Zum Abschied schenkten wir ihr eine selbst gebrannte CD mit Songs von U2, The Corrs, The Dubliners, The Pogues, Altan, Sinéad O'Connor und Dubliner Pubsongs (unsere Partymusik, die Maeve und Julie einmütig „völlig daneben" und „einfach grässlich" fanden). Außerdem ein Foto in Großaufnahme von uns allen bei einer Party in Yasminas Haus und eine Karte mit einem Comic-Mädchen unter der Überschrift „See ya petal!". Darauf wünschten wir ihr „good luck", „don't change" und „keep in touch", verewigten unsere derzeitigen Adressen und garantierten ihr, dass sie in Dublin, oder wo wir gerade wären, immer willkommen sei.

Mai – Männer, Frauen und der Papst

„ALSO ERZÄHL, WIE WAR'S ZU HAUSE?" Julie sah mich erwartungsvoll an. Es war das erste Mal, dass wir uns abends alleine trafen. Als ich sie am Nachmittag angerufen hatte, hatte ich nicht einmal damit gerechnet, dass sie in Dublin war, geschweige denn, dass sie an einem Samstagabend noch keine Verabredung hatte. Nach meiner Rückkehr am Mittag hatte ich es keine Stunde in unserer Wohnung ausgehalten. Zu ruhig nach so vielen Gesprächen in den letzten zehn Tagen. Alex und ich waren über Ostern bei unseren Familien gewesen, hatten nach einem strikt organisierten Zeitplan unsere Freunde getroffen, die Eltern des jeweils anderen und gemeinsam meine Freunde Britta und Axel in Frankfurt besucht. Jetzt war Alex in Paris und trainierte Angestellte der Pariser Tochterfirma in der Anwendung eines neuen Computerprogramms. Auch wenn ich mir oft ein bisschen mehr Freiraum in unserer kleinen Wohnung gewünscht hatte: Es war seltsam, ohne ihn in Dublin zu sein.

„Schön war's, sehr schön." Ich versuchte, Julie in meinen Familien- und Freundeskreis einzuweihen, bis ich merkte, dass ihre Aufmerksamkeit nachließ. „Es war viel los und natürlich viel zu schnell vorbei", kürzte ich das Ganze ab. „Und ich hatte schon im Flugzeug Heimweh. Fast wäre ich in meinen Tränen ertrunken."

Julie grinste ein bisschen schief. „Ist doch klar. Deutschland ist eben nicht so nah." Ich merkte, dass Julie nicht recht wusste, was sie noch dazu sagen sollte. „Du musst eben bald wieder hinfliegen."

Sofern das mit zwanzig Tagen Urlaub pro Jahr machbar war.

„Jetzt bist du also eine Woche alleine? Alex kommt erst nächsten Freitag wieder, oder?" In Julies Stimme schwang Vorfreude mit.

„Ja. Warum? Was meinst du?"

„Na, dann machen wir nächste Woche eine Frauenwoche. Wir fragen Saragh, Emer, Susana, von mir aus auch Maeve und Olli, ob sie am Donnerstag Zeit haben, und gehen groß aus. Und wenn du Lust hast, kommst du einen Abend zu mir und lernst endlich mal die irische Küche kennen. Was denkst du?"

Ich dachte, dass das ganz großartig wäre. Nur wusste ich nicht, wie ich zu dieser Ehre kam. Bisher war ich davon ausgegangen, dass Julie zu beschäftigt für neue Freundschaften jenseits von kollektiven Pub-Besuchen wäre. Und nun wollte sie mich bekochen. Hatten Alex und ich möglicherweise zu sehr das Paar raushängen lassen? Eigentlich hatte ich nicht den Eindruck, aber warum machte Julie gerade jetzt diesen Vorschlag? Vielleicht wollte sie mich auch nur aufmuntern. Wie viele Iren, so war auch Julie sehr darauf bedacht, dass sich die Menschen um sie herum wohl fühlen.

Julie wollte einen „traditional Sunday roast" machen. Ich war jetzt schon gespannt, ob und wie sich der irische Rostbraten von der englischen Variante unterschied. Die als irisch geltenden Gerichte, die ich bisher probiert hatte, rissen mich nicht vom Hocker: Irish Stew, ein Eintopf mit Lamm- oder Hammelfleisch, Kartoffeln, manchmal Karotten, der in Dublin nur noch in manchen Pubs serviert wird. Ein Standard waren auch Lammkoteletts, Lachs oder Forelle mit Kartoffeln (im Alltag gerne „spuds" genannt) oder Pommes und gedünsteten oder angebratenen Karotten. Das Grundproblem der irischen Küche schien mir zu sein, dass mit wenig

Fantasie gewürzt und zu viel gesalzen und frittiert wurde. Bratkartoffeln und Kartoffelschnitzen schwammen oft noch auf dem Teller in Öl. Eine bessere Kartoffelvariante waren meist Pommes, oder Ofenkartoffeln, wenn sie angeboten wurden. Viele Iren waren der Meinung, die Veränderungen in ihrem Land zeigten sich nirgends so deutlich wie beim Essen. „Früher war das Essen in Irland eine Zumutung", hatte Mary einmal bekannt. „Durch die Asiaten, Franzosen, Spanier haben wir erst gelernt, was gutes Essen und Genuss sein kann."

Das Sushi auf unseren Tellern war jedenfalls himmlisch. Vor Monaten hatten Julie und ich bei einer *team night out* diese gemeinsame Vorliebe entdeckt. Damals hatte Andrea besonders viel Geld für den halbjährlichen Ausflug des Teams ins Nachtleben zur Verfügung gehabt; ein Besuch beim Japaner und danach ein Clubbesuch waren also selbst bei Dubliner Preisen drin. Mit Julie saß ich jetzt im selben, etwas unterkühlten Restaurant an langen Tischen und Bänken zwischen Gruppen von befreundeten Paaren. Die Männer trugen das weiße oder gestreifte Hemd über der Hose. Die Frauen hatten perfekt glatt geföhnte Haare, oft Strähnchen, waren dezent geschminkt und auch die etwas älteren trugen den Oberkörper betonende Blusen oder Tops.

Ich fragte Julie nach ihrem Freund Marc. Sie hatte vor einiger Zeit erzählt, dass sie zusammenziehen wollten.

„It's not that easy, so it is." Sie würden sich zurzeit ständig wegen Kleinigkeiten in die Haare kriegen. „I mean he's dead on, I love him." Nur ans Zusammenziehen sei gerade nicht zu denken. Aber vielleicht würde sie auch übertreiben. Wahrscheinlich sei alles gar nicht so schlimm.

Ich fragte sie, was die Auslöser für ihre Streitereien wären.

„Na ja, Missverständnisse, vielleicht auch sprachliche Probleme." Marc war Holländer. „Ich weiß nicht."

Mit einer deutschen Freundin hätte ich in so einer Situation vermutlich den halben Abend lang Psycho-Gespräche geführt. Aussagen ihres Freundes analysiert, rumspekuliert, was er damit meinen könnte, was die Ursachen ihrer Konflikte sein könnten.

Julie war gedanklich bereits woanders. Zwei Männer, Mitte dreißig, hatten sich neben uns auf die Bank gequetscht. Nicht ohne vorher zu fragen, ob es uns etwas ausmachen würde, und uns beiden ein Lächeln zu schenken.

Der eine von ihnen fiel sofort ins Auge, ein asiatischer Typ, vielleicht indischstämmig. Sein pechschwarzes Haar war gerade lang genug, um seine hohen Wangenknochen zu umspielen, und seine Kleidung einen Tick ausgefallener als die der meist konservativ gekleideten irischen Männer. Paradiesvögel wie in London gab es in Dublin praktisch nicht. Auch die wenigen Dublinerinnen, die ein Hauch Extravaganz umgab, stammten meist aus Asien und Süd- oder Osteuropa. Dennoch hat sich das Aussehen der Dubliner insgesamt im letzten Jahrzehnt stark gebessert. Abwechslungsreichere Frisuren, moderne Kleidung und – möglicherweise durch die bessere Ernährung, das Reisen und Selbstbräuner begünstigt – eine gesündere Hautfarbe.

Der Begleiter des Inders war Ire. Er war kräftiger gebaut, hatte verwuschelte dunkelblonde Haare und braune Knopfaugen. Nach einem Blick auf die Speisekarte fragte er uns, was wir ihnen empfehlen könnten. Es entwickelte sich ein unkompliziertes, lustiges Gespräch, das über uns vier hinaus auch offen blieb für kurze Bemerkungen von rechts und links. Eigentlich nichts Besonderes in Dublin, ich nahm es dennoch als einen Wink des Schicksals: Sieh her! Solche Begegnungen sind ein Grund, warum du in Irland bist, wollte es mir sagen.

Neben Conors Charme und Witz verblasste sein Freund Jamal bald. Zumindest fand ich das, Julie war offensichtlich anderer Meinung. Selbst als sie und Conor sich einen verbalen Schlagabtausch über das irische Schulsystem lieferten, behielt sie Jamal im Blick. Der konnte offensichtlich ebenso wenig zu dem Thema beitragen wie ich. Alles, was mir auch nur im entferntesten dazu einfiel, war die Frage, warum irische Mädchen selbst im Winter in Kniestrümpfen und ausgelatschten Mokassins oder Slippers zur Schule gingen. Die altmodischen Schuluniformen trugen bestimmt dazu bei, dass sie sich bei der erstbesten Gelegenheit sexy kleideten.

Einem Klischee zufolge gelten Irinnen als stark, unabhängig, praktisch denkend, tabulos und lebensbejahend, irische Männer dagegen als großspurige, aber verklemmte, sentimentale, aber charmante Machos, die zu lange bei *mammy* gewohnt haben. Auch auf mich wirkten die meisten irischen Frauen tougher als die Männer. Die Kehrseite davon war, dass gerade manche ganz junge Frau ihre Karriere ziemlich verbissen vorantrieb. Wir hatten einige irische Mädels in der Firma, die vor allem unter Kolleginnen als skrupellos galten. Ob irische Männer auch unseren Alters wirklich verklemmte Machos waren, konnte ich nicht beurteilen. Sentimental wirkten die meisten jedenfalls überhaupt nicht, und gegen galant-altmodische Züge wie Die-Tür-Aufhalten oder Drinks-Spendieren hatte ich gar nichts. Mary und Lisa behaupteten gerne, irische Männer würden praktisch nie im Haushalt helfen und hätten noch nicht gelernt, sich auf der Toilette hinzusetzen (offenbar gingen sie davon aus, dass deutsche Männer dies tun). Wenn es nicht so peinlich wäre, meinte Lisa einmal, hätte sie sich längst mit einem Karren auf die Moore Street gestellt und Aufkleber mit dem Aufruf „Get them to sit down!" verkauft.

Damit Julie sich besser mit Jamal unterhalten konnte, wechselten sie und Conor die Plätze. Conor war ein Meister in der Kunst der leichten, amüsanten Konversation. Er bot mir Skurrilitäten aus seinem Leben zwischen Auftraggebern und Bauarbeitern (er war Architekt), stellte mir zwischendurch alle möglichen Fragen und ging wiederum mit Selbstironie oder einem verbalen Augenzwinkern auf meine Antworten ein. Ein paar Mal hätte ich beinahe unserem Gespräch die für diesen Anlass unerlässliche luftige Unverbindlichkeit genommen, die die Iren so liebten. Das mussten die Nachwirkungen von zehn Tagen Deutschland sein.

Jamal reagierte zurückhaltend auf Julies direkte Art zu flirten. Nachdem sie ziemlich alleine ihre Unterhaltung bestritten hatte, ging sie zur Toilette. Kurz darauf klingelte ihr Handy. Marc fragte, ob wir uns mit ihm und einem Freund im Hogan's treffen wollten. Julie sah erst Jamal, dann mich an. Ich nickte ihr aufmunternd zu. Bevor wir uns verabschieden konnten, hielt Conor mich am Arm fest. „Janet, ich habe es wirklich genossen, mit dir zu sprechen. Warum treffen wir uns nicht wieder?"

Äh, klar. Grundsätzlich schon. Warum nicht.

„Great! Gib mir deine Telefonnummer. Ich ruf dich an."

Hm. Ich dachte an Alex. Andererseits war mir Conor sehr sympathisch; und was war schon dabei? Ich nannte ihm die Nummer und fügte hinzu: „Wenn mein Freund nächste Woche wieder in Dublin ist, können wir mal gemeinsam was trinken gehen."

Conor grinste, als ob ich einen Scherz gemacht hätte. „Righ, I'll give ye a call. Ye can be sure of that."

Ich dachte an Yasmina. Wie es ihr jetzt wohl ging? In Dublin war sie abends oft alleine ausgegangen. Der Barkeeper in ihrer Lieblingsbar wusste schon nach ein paar Abenden, dass sie Mojito trank. Oft wollten andere Gäste von ihr wissen, was das für ein Getränk sei, und schon entwickelte sich ein Gespräch. Als wir einmal gemeinsam dort waren, ließen uns vier Jungs, mit denen wir kein Wort gewechselt hatten, zwei Pint Guinness bringen. Wir revanchierten uns mit einem Lächeln und vier Mojitos, die sie misstrauisch beschnüffelten und letztlich fast unangetastet ließen.

In Dublin war es mindestens genauso unüblich wie in Deutschland, sich abends als Frau alleine an die Bar zu setzen. Yasmina hatte das nicht davon abgehalten. Nach ein paar Monaten lautete das Ergebnis ihrer Feldforschung so: Irische Männer umgarnen eine Frau, die ihnen gefällt, mehr und machen ihr direktere Komplimente als deutsche Männer. Deutsche Männer versuchen, ihre Ängstlichkeit und Unsicherheit häufig durch Coolness oder sogar Arroganz zu überdecken, und lassen sich schnell abschrecken. Die Iren dagegen setzen auch beim Anbandeln auf ihren Humor. Und sie waren Yasmina gegenüber sehr fürsorglich: Im Pub taten sie einen Platz für sie auf, bestellten und bezahlten. „Aber die haben auch Tricks drauf, so etwas habe ich in Deutschland nie erlebt." Yasmina lachte, als sie von einer Pub-Bekanntschaft erzählte. Sie und ihr Gegenüber hatten bereits festgestellt, dass sie am entgegengesetzten Ende Dublins wohnten, sie hatte ihm ihre Telefonnummer gegeben und wollte sich verabschieden, als er vorschlug, sie könnten sich doch ein Taxi teilen. Er würde bei seinen Eltern übernachten, die in ihrer Nähe wohnten. „Das kam mir schon komisch vor, aber gut. Ich hatte nichts dagegen, nur die Hälfte fürs Taxi zu bezahlen." Als der Wagen vor ihrem Haus hielt, machte ihr Begleiter sich daran, mit auszusteigen. Die Begründung: Sie hätte ihm doch ihr Haus zeigen wollen. Yasmina schüttelte ungläubig den Kopf. „Ich wollte ihm weder unser Haus noch unser Zimmer noch irgendwas zeigen."

Nachdem sie ihm die Autotür vor der Nase zugeknallt hatte, hörte sie nichts von ihm, bis sie ihn ein paar Wochen später zufällig wieder im Pub traf. „Er begrüßte mich, als wären wir die besten Freunde: ‚Hi, lange nicht gesehen. Wie geht's?‘ Es wurde wieder ein netter Abend. Er versuchte wieder sein Glück, ich ließ ihn wieder abblitzen, was ihn nicht weiter zu verstören schien. Und natürlich rief er wieder nicht an." Yasmina fand solche Erlebnisse amüsant, auf Dauer aber auch frustrierend. „Die Iren sind Machos, im guten wie im schlechten Sinn", meinte sie. „Ich bin so was als Tochter eines Türken ja gewohnt. Aber jetzt ist man nicht mal mehr in Dublin vor Männern sicher, die in einem Mercedes-Cabrio mit lautem Gedudel durch die Stadt fahren."

Unterwegs ins Hogan's, hundert Meter weiter, schwärmte Julie von Jamal. „He's dead drop gorgeous, isn't he? A ride." Ob ich seine Augen gesehen hätte und diese samtige Haut. „Eigentlich schade, dass Marc doch wieder angerufen hat." Sie klang ein wenig trotzig.

„Ach was. Als Marc anrief, hast du ganz glücklich ausgesehen."

Julie grummelte vor sich hin. „Na und du!? Kaum ist dein *fella* eine Woche nicht da, sammelst du Telefonnummern wie Pferdezüchter Komplimente. Gefällt dir dieser Typ, wie heißt er wieder ... Conor?"

„Na ja, er ist lustig, amüsant."

„Amüsant, ja!? For God's sake, Jeannette, das habe ich nicht gefragt." Sie hatte keine Zeit, auszuführen, was sie gemeint hatte, weil Marc uns aus zehn Meter Entfernung zuwinkte. Eines musste sie aber noch loswerden: „Männer sind eben wie Busse: Erst taucht ewig keiner auf, dann gleich mehrere auf einmal."

Als Marc uns losprusten sah, wollte er natürlich wissen, was so lustig war.

In derselben Woche kam die Leiterin des niederländischen Teams Nelly aus der Toskana zurück. Sie und ihr Freund Liam hatten dort im engsten Familien- und Freundeskreis geheiratet. Nelly erklärte fast entschuldigend: „In Holland oder Irland hätte sich immer ein Teil der Familie im Nachteil gefühlt." Die Fotos von ihrer Feier auf einem malerischen Landgut inmitten von Weinbergen wurden enthusiastisch aufgenommen. Heiraten war extrem angesagt. Je ausgefallener, desto besser. Auch nach dieser Foto-Session verschoben sich die Plätze auf dem firmeninternen Ranking für „the most talked about wedding of the year".

Die Iren meiner Generation heirateten nicht nur, sie bekamen nach Jahren des Geburtenrückgangs auch wieder mehr Kinder. Der letzte Babyboom hatte in den frühen 1970er Jahren begonnen und seinen Höhepunkt im Juni 1980 erreicht – genau neun Monate, nachdem Johannes Paul II. im September 1979 als erster Papst Irland besucht und die Insel in einen dreitägigen Ausnahmezustand versetzt hatte. Er hatte den Iren für die Treue zur katholischen Kirche gedankt, die Jugend vor Drogen, Alkohol, Vandalismus und Materialismus gewarnt und an „die Heiligkeit des von Gott gegebenen Lebens" und „den wahren Sinn von Sexualität" erinnert. Ein Plädoyer gegen Verhütung, Abtreibung und Scheidung, ein Appell für das Festhalten „an den religiösen und moralischen Traditionen, die Irland ausmachen". Und das in einem Jahr, in dem sich in und für Irland so viel änderte.

Noch in den 1960er Jahren waren dreißig Prozent der dreißigjährigen Irinnen Singles und die meisten unter ihnen waren Jungfrauen. Dafür hatte jede dritte verheiratete Dublinerin fünf und mehr Kinder. In den frühen 1970er Jahren heirateten mehr junge Leute. Ihre Kinder bilden heute Irlands gut ausgebildete, kreative, dynamische und ehrgeizige Schlüsselgeneration. In Folge der Rezession der 1980er Jahre sank die Geburtenrate drastisch von fast vier auf zwei Kinder pro Frau. Gleichzeitig stieg die Anzahl unehelicher Geburten von weniger als fünf Prozent auf heute mehr als dreißig Prozent.

Dieser Wandel im Umgang mit Sexualität, ebenso wie der wirtschaftliche Aufschwung Irlands in den 1990er Jahren wurde nur durch eine moralische Öffnung möglich. Im Nachhinein kann 1979 als das Geburtsjahr von *New Ireland* angesehen werden. Bis dahin lautete die vorherrschende Doktrin, die vom Staat erdacht, von der Kirche gepredigt und von der Bevölkerung aufrechterhalten wurde: *outside is bad, inside is pure*. Neben Porno-Magazinen und Kondomen waren sogar englische Süßigkeiten verboten. Der Dubliner Journalist und Ökonom David McWilliams hat in „The Pope's children. Ireland's new elite" (2005) darüber geschrieben. Das Buch war ein Jahr lang unter den *top five* der irischen Bestseller und wurde von der irischen Sunday Tribune als „the definitive guide to the Ireland we live in" bezeichnet.

Ohne Geld von außen hätte das arme Irland jedoch nie den Wohlstand von heute erreicht. 1979 legten irische Politiker den Grundstein: Irland schloss sich dem europäischen Währungssystem an; damit wurde das Schicksal des Irischen Pfund an das der starken D-Mark geknüpft. McWilliams, der zehn Jahre lang unter anderem bei der Irischen Zentralbank arbeitete, erklärt erhellend und äußerst unterhaltsam, wie seine Landsleute nach Einführung des Euro „die Ersparnisse der Deutschen plündern konnten", und zwar „zu Zinssätzen, die für uns günstig waren, nicht für sie". Stark vereinfacht ausgedrückt: Die deutsche Wirtschaft stagnierte, die Arbeitslosigkeit war erdrückend, also sparten die Deutschen. Irland dagegen war im Aufbruch. Die Wirtschaft und die sehr junge, konsumfreudige Bevölkerung brauchten Geld. Da Banken an Krediten verdienen, liehen sie den Iren die deutschen Ersparnisse. Und weil Irland nur rund vier Millionen Einwohner hatte und die Deutschen weiterhin wenig Kinder bekamen und auf Sparkurs waren, konnten die Iren so viel leihen, wie sie wollten, ohne Gefahr zu laufen, dass ihre Geldquelle versiegte. Die Beliebtheit der Deutschen in Irland hat auch damit zu tun. Den meisten Iren ist bewusst, dass sie ihren Reichtum neben dem eigenen Optimismus und dem unbedingten Willen, der Armut zu entgehen, neben extrem niedrigen Gewerbesteuern, der englischen Muttersprache und der strategisch günstigen Lage zwischen den USA und Europa zu einem großen Teil EU-Geldern und im Besonderen den Deutschen verdanken.

Mit der Übertragung von Funktionen an europäische Institutionen ging für die Politiker im Land ein Machtverlust einher. Nach immer weiteren Korruptionsskandalen sank das Vertrauen der Iren in die Politik stetig. Und das, obwohl es gerade erst erwacht war. Bis zum Bürgerkrieg hatten sich die Möglichkeiten politischen Engagements für die Masse ja notgedrungen in Tischgesprächen erschöpft. John, Ians Vater aus Bray, hatte einmal gesagt: „Während England jahrhundertelang über die Körper regierte, herrschte die Kirche über die Seelen." Beiden Obrigkeiten galten die Pubs als Widerstandshöhlen. Vielleicht mögen deswegen vor allem ältere Iren bis heute am liebsten dunkle, intime Kneipen.

Der Papstbesuch im September 1979 war nicht nur das größte Ereignis des Jahres, bis heute ist der Aufstieg Irlands im irischen Nationalbewusstsein eng an die Person Johannes Paul II. geknüpft. Zwei Drittel der irischen Bevölkerung sahen den beliebten Pontifex 1979 live. Jedes Wort, das er in der Öffentlichkeit sprach, wurde von Radio und Fernsehen übertragen. Zur Hochzeit der *Troubles* bat Johannes Paul II. nahe der nordirischen Grenze um die Abkehr von Gewalt;

seine Worte trafen jedoch bei der IRA auf taube Ohren. Dennoch brachte er dem geschundenen Land Hoffnung. Nicht nur sein Ausruf „Young people of Ireland, I love you!", mit dem er seine Rede in Galway vor 200 000 überwiegend jungen Iren beschloss, wurde ausgelassen bejubelt.

Als Höhepunkt seines Aufenthalts in Irland gilt jedoch eine Messe, die der Papst mit 150 Kardinälen, Bischöfen und Priestern vor mehr als einer Million Menschen im Dubliner Phoenix Park zelebrierte. Schon bevor der Helikopter des Papstes landete, sorgten die Garda Band, The Chieftains und ein Chor aus 6000 Mitgliedern irischer Gemeinden für Festival-Stimmung. Heute erinnern ein riesiges weißes Kreuz und ein Gedenkstein auf eben diesem Hügel im Phoenix Park daran. Viele Iren – gläubig oder nicht – bezeichnen den Papstbesuch als ein Highlight ihres Lebens. Nach dem Tod Johannes Paul II. legten hunderte, vielleicht tausende Iren am Papstkreuz Blumen nieder.

Auch wenn heute viele, insbesondere junge Iren nichts mehr mit der katholischen Kirche am Hut haben – „Die Kirche ist tot" (Johnny); „Skandalös, wie überheblich die Kirche immer noch Frauen und Homosexuellen gegenüber auftritt" (Julie) – oder sich nicht einmal Gedanken darüber machen, fällt selbst in Dublin oft auf, wie verwurzelt die Iren in ihrer Religion sind. Allerdings werden deren Grenzen weit gedehnt. Oft ist es ein eher spiritueller Glaube, der von Toleranz und Spaß am Leben geprägt ist und grundsätzlich als befreiend erlebt wird; die Lehren der Kirche, die dem modernen Alltag widersprechen, werden sehr frei ausgelegt. Oder es ist in erster Linie der Glaube ans Leben und sich selbst. Gebete und göttlicher Beistand können auch dabei nicht schaden. Junge Menschen, die sich strikt an die Regeln der katholischen Kirche hielten, sind mir in Dublin nicht begegnet. Selbst Kirchgänger fand ich in einiger Hinsicht ziemlich anarchisch.

Ich ging in Dublin oft in die Kirche. Meist nur kurz, wenn es plötzlich anfing zu regnen oder um mich von einem Stadtbummel auszuruhen oder einfach der Stimmung wegen. Das Gute an katholischen Kirchen ist ja, dass sie den ganzen Tag geöffnet sind. Wenn sie nicht zu einem Lampengeschäft umfunktioniert sind, wie eine Kirche in der James's Street. Seit dem Zuzug der vielen Katholiken aus Osteuropa war der Mitgliederschwund der katholischen Kirche in Irland erst einmal gestoppt. Versteckt, in einer Seitengasse der Grafton Street, lag eine Kirche, die zwischen den Einkäufen gut besucht wurde. Sie war überraschend groß und strahlte an vielen Stellen des Innenraums gülden. Eine Oase der Ruhe inmitten der Innenstadt-Hektik, obwohl ständig Besucher kamen und gingen. Das Ritual war fast immer gleich, egal ob ein Priester eine Messe hielt oder nicht: Die Gläubigen benetzen ihre Finger mit Weihwasser, bekreuzigten sich, knieten für ein Gebet nieder, stifteten einem Heiligen eine Kerze oder spendeten vorm Hinausgehen „für die Armen", „für die Renovierung der Kirche" oder „für die Ausbildung der Priester". Was der Priester vorne sagte, beachteten nur ein paar alte Menschen, die wohl extra zum Gottesdienst gekommen waren.

Am häufigsten war ich jedoch in der neugotischen John's Lane Augustinian Church in der Thomas Street. Durch die alten Fenster im Chor und durch die neueren, königsblauen in den Seitenschiffen fiel kaum Licht. An der Innenwand der Seitenschiffe zogen sich Beichtstühle aus dunklem Holz entlang und zwischen den Mittel- und den Seitenschiffen standen zahlreiche dunkelbraun lackierte Heizkörper. Hierher kamen eigentlich nur Anwohner und Dubliner, die in der Umgebung arbeiteten. Vom frühen Morgen an fanden

Messen statt, mindestens drei am Tag. Auch dazwischen waren immer Menschen in der Kirche.

In den Vorräumen der Dubliner Kirchen befanden sich stets Schaukästen mit Hinweisen für die Gemeinde sowie Skulpturen von und Informationen zu Schutzheiligen; dort lagen meist auch Handzettel mit Gebeten, Liedern oder biblischen Geschichten, die man für ein paar Cent erwerben konnte. Im Vorraum der Kirche von St. John's Lane stand außerdem ein Glaskasten mit der Aufforderung „Save old stamps and help our missions". Er war fast voll mit Schnipseln von alten Briefen inklusive Briefmarke.

Einmal – ich saß in der hintersten Reihe – kam ein Mann im Blaumann in die Kirche. Er war völlig aufgelöst, bekreuzigte sich, kniete nieder, murmelte etwas und atmete schwer, als ob er gerade geweint hätte oder gleich weinen würde. Der Mann sprach halblaut mit Gott, ich verstand nur „forgive me, Father". Nach drei Minuten zündete er eine Kerze an und ging wieder. Oft sah man Männer in Anzügen, ab und zu jüngere Frauen im Business-Kostüm, die kurz mal hereinschauten, ein Gebet sprachen und wieder gingen. Die fleißigsten Kirchgänger waren ältere Frauen.

Eine Woche nachdem ich mit Julie Sushi essen gewesen war, rettete ich mich und meine frisch gekauften Steaks aus der Meath Street vor einem Regenschauer und geriet in einen Beerdigungsgottesdienst. Der Priester stellte die Tote gerade vor. Alice, sagte der Priester in einem leicht betroffenen Plauderton, habe immer gerne gegessen. „Sie hatte keine Familie, war ein Einzelkind." Ob sie je geheiratet hatte, erwähnte er nicht. Alice sei ein fröhlicher Mensch gewesen. Sie habe sich auch in der Kirche engagiert, habe bei Prozessionen ... getragen (was genau, verstand ich nicht). Das habe ihm Father ... von der benachbarten Kirche in der Meath Street erzählt, die Alices Stammkirche war.

Die Kirche war gut besucht. Auch junge Leute, die Alice kannten, waren gekommen. Ein paar Reihen vor mir saß ein für irische Verhältnisse breit gebauter alter Mann im abgetragenen Popelinmantel. Er hatte den Kopf gesenkt. Die Schultern unter seinem verwuschelten weißen Haar zitterten.

Der Priester fuhr fort: Im ersten Moment habe er befürchtet, dass Alice ohne Familie möglicherweise keine würdige Bestattung erhalten würde. Aber dann meldeten sich nach ihrem Tod so viele Menschen bei ihm, die mit ihm über Alice sprechen wollten, unter anderem ihre Freundinnen Tina und Liz, die sich besonders in den letzten Monaten liebevoll um Alice gekümmert hätten. „Und Tina war dabei, als Alice starb und zu unserem Vater auffuhr. Dort ist sie nun vereint mit ihren Eltern."

Während der Ansprache waren immer wieder Frauen in den ersten Reihen aufgestanden. Eine hatte das gerahmte Schwarz-Weiß-Foto von Alice auf dem Sarg zurechtgerückt, eine andere war auf Zehenspitzen hinausgelaufen und hatte ein Blumengesteck geholt. Andere Frauen brachten Geschenke und legten sie um den Sarg herum. „Der Herr vergebe Alice die Sünden, die sie auf sich geladen hat", sprach der Priester mit Anteilnahme in der Stimme, woraufhin alle, die rüstig genug waren, zum wiederholten Male niederknieten.

Ich sah auf die Uhr. Schon Viertel vor zwölf. Alex würde bald ankommen – mit einem Tag Verspätung, das französische Bodenpersonal hatte mal wieder gestreikt. Ich wollte noch ein paar Sachen fürs Abendessen einkaufen. Also verließ ich die Kirche mitten im Gottesdienst. Ich war nicht die Einzige und hatte dennoch ein schlechtes Gewissen. Alice war jetzt irgendwie keine völlig Fremde mehr für mich.

Auf dem Weg zum Supermarkt kam mir eine hagere

Frau mittleren Alters entgegen. Sie hielt eine Flasche in einer braunen Papiertüte halb von einem Arm verdeckt und vermied den Blickkontakt; sie musste aus dem benachbarten *off-licence* gekommen sein. Ich dachte an Pauls Vater, der bei einem *barbecue* in Marys und Pauls Garten von der Einsamkeit vieler Menschen gerade in der Innenstadt gesprochen hatte. Jack hatte 28 Jahre an S-Bahn-Stationen die Tickets der Fahrgäste kontrolliert, bis dieser Dienst automatisiert wurde. Er hatte seine Arbeit gerne getan, weil er gerade im *city centre* das Gefühl hatte, mitten im Leben zu stehen. Seine Lieblingsstation war die Tara Station gewesen. „Vielleicht, weil sich viele Menschen *in town* (eigentlich sagte er eher *towen*) schon über ein *hello* freuen. Manche bedanken sich sogar dafür, dass man sie anspricht."

Es stimmt: Dublin ist keine gute Stadt, um alleine zu sein. Kurzzeitigen Anschluss findet man leicht, solange man offen, einigermaßen eloquent und gut gelaunt ist. Wer durch dieses Raster fällt und niemanden hat, der ihn auffängt, kann leicht abrutschen. Die Iren gehen Konflikten mehr aus dem Weg als Deutsche, finde ich; und die allermeisten sind chronische Ja-Sager. Das hat sein Gutes: Es macht das Leben leichter, wenn man nicht alles ausdiskutieren muss und nicht jeder auf seinem Recht beharrt. Die meisten Iren beschweren sich selten und lassen Menschen, die nicht so sind, wie sie selbst, in Ruhe: leben und leben lassen. Man nimmt die Dinge lieber hin und macht sich darüber lustig, als offen auszusprechen, was falsch ist und geändert werden müsste. Das kann jedoch im Alltag auch nerven. Und: Für Menschen, die sich oder das Leben zu ernst nehmen oder sich in anderer Weise nicht den unausgesprochenen Regeln des Miteinanders unterordnen, hat man wenig Verständnis. Ihnen schlägt auch in Dublin ein eisiger Wind entgegen, wenn man sie nicht sogar ignoriert.

Natürlich gibt es auch Dubliner, die nicht mit der Entwicklung der Stadt Schritt halten können. Der Kioskbesitzer Bill auf der O'Connell Street, bei dem ich ab und zu eine deutsche Zeitung kaufte, hatte mir einmal in einer ruhigen Minute erzählt, er stehe dort schon seit 15 Jahren. Mittags bringe ihm immer seine *missus* das Essen. Er sei nun aber bald zu alt, sein Sohn übernehme „das hier" demnächst. Bill sah meist ausgekühlt aus und trug auch im Frühling eine schwarze Wollmütze. Sein Gesicht war durchzogen von geplatzten Äderchen und auf der Nase wuchsen ein paar schwarze Haare. Er sprach von der Vergangenheit, in der es ruhiger war auf der O'Connell Street, nicht so viel Verkehr, keine Drogen. „This was a lovely country, you know. Als hier noch nicht so viele Fremde waren. Und jetzt ... Sehen Sie sich die O'Connell Street an. Das genügt, um zu wissen, wie es um unser Land bestellt ist."

Die meisten Iren sagen, sie seien froh über die Veränderungen im eigenen Land, auch über die vielen zugezogenen Ausländer, die zum Aufschwung beigetragen haben. Dass dabei einige gebürtige Dubliner zurückbleiben, nimmt man bedauernd in Kauf – und kämpft darum, dass man selbst und die eigenen Kinder nicht dazugehören. Die Anstrengung scheint sich zu lohnen. In internationalen Umfragen der letzten Jahre bezeichneten sich rund 42 Prozent der Iren als „very happy", etwa 77 Prozent gaben an, sie seien sehr stolz auf ihr Land. Wenn die Aussagen und das wirkliche Empfinden übereinstimmen, gehören die Iren heute zu den zufriedensten und patriotischsten Völkern der Welt.

Juni – Summerfeeling

DIE FRAU AM EMPFANG des St. James's Hospital musste Leute gewohnt sein, die nachts panisch aufkreuzten und unverständliches Zeug redeten. Geduldig fragte sie noch einmal: „Was hat Sie gebissen?"

„Kleine Tiere, die im Sommer im Gras sitzen und sich in die Haut von Hunden und Menschen bohren und Blut saugen und stecken bleiben ... "

Herrgott, was heißt Zecke auf Englisch?!?

„There're plenty of them in my skin, ten or fifteen." Am ganzen Körper, verdammt. Versteht mich denn niemand? Ich war wütend auf mich selbst, weil ich mich wieder mal nicht so ausdrücken konnte, wie ich wollte. Und weil das überlebenswichtige Wort Zecke nicht in unserem Wörterbuch stand. Und weil wir noch immer kein Internet in der Wohnung hatten und ich nicht wusste, wie man Zecken selbst entfernen konnte. Andererseits: Wozu hatte man ein Krankenhaus gleich gegenüber?!

Natürlich gab es in der Notaufnahme Menschen, die dringender Hilfe brauchten als ich. Folglich mussten wir lange warten. Eine Stunde, zwei Stunden ... Um halb vier Uhr morgens murmelte ich, die Augenlider auf Halbmast, ich würde jetzt ins Bett gehen, blieb aber sitzen. Mir wurde übel bei der Vorstellung, was die Biester in mir anstellen könnten. Und die Dame am Empfang versicherte immer wieder, es könne nun wirklich nicht mehr lange dauern. Es wurde bereits hell, als mich eine philippinische Ärztin oder Krankenschwester von den Tierchen befreite.

Hinter uns lag ein *bank holiday*-Wochenende, das wir genutzt hatten, um endlich einmal in den Westen zu fahren. Clifden im County Galway galt als idealer Ausgangspunkt für Erkundungen von Connemaras zerklüfteter Küste. Der Nachteil war, wie wir nun gemerkt hatten, dass Clifden ziemlich abseits lag und die Fahrt von Dublin aus eine gefühlte Ewigkeit dauerte. Aber die Reise lohnte sich. Schon der Blick vom Bus auf die Clifden Bay war atemberaubend; von unserem Zimmer in einer zum gemütlichen Bed & Breakfast umgebauten ehemaligen Seemannskirche wollten wir uns gar nicht mehr trennen. Wir liehen uns Räder und fuhren über die bergige Sky Road, vorbei an Fuchsienhecken, Farnen, grau-weißen Felsbrocken und braun-weißen Kühen, die auf Grünstreifen über den Klippen schliefen oder aufs Meer runterblickten. Wir wanderten im Nieselregen über Stock und Stein, sonnten uns wenig später auf menschenleeren, relativ trockenen Wiesen (der irische Boden saugt Wasser sehr schnell auf), kehrten zu unseren Rädern zurück, fuhren bis ans offene Meer, liefen einen einsamen Sandstrand entlang, badeten im eisigen Atlantik und suchten zwischen Hecken Schutz vorm schneidenden Wind. Irgendwo dort mussten die Zecken zugeschlagen haben.

Mai und Juni waren statistisch gesehen die sonnigsten Monate in Dublin: Durchschnittlich 6,4 Sonnenstunden pro Tag. Der August sollte der verregnetste Monat sein, der Juli zwar wärmer als der Juni, aber auch regenreicher. Niemand wusste, ob das in diesem Jahr so sein würde, aber Alex und ich nahmen uns vor, trotz Zeckengefahr, die in Dublin hoffentlich ohnehin nicht so groß sein würde, im Juni möglichst jede freie Sonnenminute draußen zu verbringen.

In den Gärten und Parks der Stadt blühten nun auch wild wachsende Rhododendren, Fuchsien und Ginsterhecken.

Unser Lieblingspark im Zentrum waren die kleinen, versteckt gelegenen Iveagh Gardens, südlich vom St. Stephen's Green Park. Sie schlossen früh, so dass uns nach der Arbeit meist nur ein Abstecher in Dublins meistbesuchten Park blieb. Insbesondere gebürtige *southsider* liebten St. Stephen's Green, den Park und seine Statuen, die hohen georgianischen Stadthäuser mit den teuren Geschäften und Restaurants am Platz und das imperial-prächtige Shelbourne Hotel, in dem sich die Dubliner Society seit Beginn des 19. Jahrhunderts traf. Wenn es so etwas wie Glamour in Dublin gab, war er traditionell hier angesiedelt.

Am frühen Abend strömten die Angestellten aus Anwaltskanzleien, Notariaten, Personalvermittlungen, Immobilien-, Versicherungs- und Anlagebüros oft in Gruppen aus ihren *offices* und bevölkerten gemeinsam mit Studenten aus den nahe gelegenen Uni-Gebäuden die eleganten Straßen zwischen St. Stephen's Green und dem Merrion Square. Auch der Merrion Square, der repräsentativste von Dublins Squares und – obwohl auch hier in den 1960er Jahren einiges von der Bausubstanz zerstört wurde – der Inbegriff des *Georgian Dublin*, wurde in der Dämmerung geschlossen. Mir gefiel der Park am Merrion Square eigentlich besser als der des Heiligen Stephanus: Er war weniger überlaufen, es gab versteckte Plätzchen und ein Denkmal, das Oscar Wilde mit höhnisch-ironischem Gesichtsausdruck auf einem Felsbrocken lungernd zeigte. Der Dichter war im ersten Haus, das an diesem Platz gebaut wurde, aufgewachsen. Von außen unterschied es sich praktisch nur durch eine Hinweisplakette von den Nachbarhäusern. Nach Anmeldung konnte man zwei restaurierte Stockwerke besichtigen, was wir nie getan hatten. Mir genügte es, ab und zu bei dem Denkmal Halt zu machen und mich an den Aphorismen Wildes zu erfreuen, die wie mit hellem Filzstift auf schwarze Steinsäulen geschrieben waren. „Whenever people agree with me I always feel I must be wrong", stand da. Auch schön: „For he who lives more lives than one more deaths than one must die."

„The wicked wit of Oscar Wilde", der scharfe, kluge Witz und die Modernität, Weltläufigkeit und Unangepasstheit des Dichters, darauf ist man heute in Dublin sehr stolz. Insbesondere viele ältere Iren lieben Wildes Gesellschaftskomödien und in Paradoxien gegossene Sinnsprüche und zitieren sie bei Gelegenheit. Der Dichter verließ Dublin übrigens endgültig im Jahr 1878, mit 24 Jahren, nachdem er von der Verlobung Florence Balcombes, in die er sich verliebt hatte, mit Bram Stoker (dem Autor von „Dracula") erfuhr. Wilde kehrte vor seinem Tod im Jahr 1900 in Paris nur zwei Mal für kurze Besuche nach Irland zurück.

In diesem vornehmen, etwas sterilen Teil Dublins war ich nicht oft. Nach den anfänglichen Erkundungsgängen eigentlich nur noch, wenn ich zu Olli fuhr, der noch etwas weiter südöstlich wohnte. Seine Fünf-Mann-WG lag in einer Straße, die wie nicht wenige Straßen in älteren Gegenden Dublins Namensschwestern in der direkten Umgebung hatten. Bei Olli war es noch recht übersichtlich: Es gab die Pembroke Road, Pembroke Lane, Pembroke Gardens und etwas weiter westlich Pembroke Park. Verwirrender wurde es rund um den dritten der Georgian Sqares: Wollte man zum Fitzwilliam Square East, North, South oder West, zum Fitzwilliam Place oder Fitzwilliam Court, zur Fitzwilliam Street Lower oder Upper oder zur Fitzwilliam Lane? Ganz dumm war es gelaufen, wenn man zur Fitzwilliam Street (ohne Zusatz) oder zum Fitzwilliam Quay wollte und sich in dieselbe Gegend begeben hatte, obwohl sich diese beiden im Hafengebiet befanden.

Durch die Besuche bei Olli hatte ich auch die Upper Baggot Street entdeckt, seitdem eine meiner bevorzugten Wohlfühladressen. Ging man die belebte, inmitten einer teuren Wohngegend gelegene, leicht abschüssige Straße voller kleiner Geschäfte entlang, blickte man auf reich verzierte und ganz unterschiedliche rote Backsteingiebel aus viktorianischer Zeit. Die wunderschöne Fassade des leicht zurückgesetzt stehenden The Royal City of Dublin Hospitals stach besonders heraus.

Etwas weiter bergab lag die Zentrale des Arbeitsamts FÁS (Foras Áiseanna Saothair). Im Schaufenster und im Eingangsbereich hingen jede Menge Zettel mit Jobangeboten. Manchmal sah ich mich drinnen ein bisschen um. Das Bedürfnis, wieder mehr schriftlich mit Sprache zu arbeiten, wurde durch kleine Übersetzungsaufträge für Lisas Arbeitgeber (Reisebroschüren, Prospekte, Newsletter) etwas abgefangen. Auch wenn ich mich mit diesem Nebenjob im Trend befand – nicht wenige Iren hatten zwei oder sogar drei Jobs –, über kurz oder lang wollte ich mich nach einem neuen Vollzeit-Job umsehen. Raúl hatte beim letzten Mitarbeitergespräch versprochen, mir Bescheid zu geben, wenn sich in unserem Team, im Helpdesk oder in der Lokalisierungsabteilung etwas auftun würde.

Olli und seine *guys* feierten regelmäßig glamouröse Partys, meist als Fortsetzung von Tanz-Exzessen in einem Gay-Club in der Innenstadt. An einem Morgen nach so einer Party – Alex und ich waren spät dazugestoßen und hatten ein paar Stunden bei Olli geschlafen – beschlossen wir, erst in der Stadt zu frühstücken und dann zum Pferdemarkt in Smithfield zu gehen.

Morgens und in klaren Nächten gefiel mir Dublin am besten. Das gelbe Licht der verschnörkelten Straßenlaternen schmeichelte den Gebäuden; viele Häuser entlang der Liffey und rund um St. Stephen's Green wurden dezent bunt angestrahlt, was sie freundlicher aussehen ließ. Früh morgens, wenn es nicht zu neblig und der Himmel nicht dunkel verhangen war, konnte das Licht gleißend hell sein. An diesem Sonntagmorgen sah es gut aus. Sehr gut sogar. Und es versprach so zu bleiben: Als wir im Zentrum ankamen, war es noch immer beinahe windstill. Jungs und Männer mit bunten Trikots standen in Gruppen an Straßenecken, bereit fürs Spiel. Die Saison für die nationalen Hurling- und Gaelic-Football-Meisterschaften war in vollem Gange.

Der Smithfield Horse Market fand an jedem ersten Sonntag im Monat auf dem großen, zentralen Platz des Viertels statt. In seiner heutigen Form etablierte sich der Pferdemarkt in den 1960er Jahren; er soll der einzige Pferdemarkt innerhalb eines europäischen Stadtgebiets sein. Auf jeden Fall ist er keine Inszenierung für Touristen, auch wenn sich gerade in den Sommermonaten fast mehr Schaulustige als Kunden einfinden.

In Tallaght und selbst im zentraler gelegenen und dichter besiedelten Artane sah man ab und zu Pferde auf öffentlichen Grünflächen, hin und wieder sogar in Vorgärten. Manchmal stand auch ein Jugendlicher mit einem Pferd in einer Fußgängerzone und bat um Geld für Futter. Dabei handelte es sich nicht um so stolze Rösser wie die, auf denen die *Gardaí* (die Polizisten) zuweilen im *city centre* patrouillierten, oder gar wie die kostbaren Rennpferde, die wöchentlich tausende Dubliner, die auf sie gewettet hatten, in Raserei versetzten. Die kleinen, gedrungenen Gäule der Vorortkinder ähnelten eher zerrupften Ponys.

Am Straßenrand parkten Pkws mit modernen und älteren Pferdeanhängern. Schon bevor wir Einzelheiten auf dem Platz erkennen konnten, leuchteten uns die gelben Signalwesten über den dunkelblauen Uniformen der Polizisten entgegen.

Das Bild, das folgte, war schon befremdlich: Der weit in die Tiefe reichende Platz war voller stiernackiger, rotgesichtiger Männer und bleicher, sommersprossiger, raspelkurz geschorener Jungs. Die Männer, meist klein und gedrungen, waren so urige Typen, wie man sie im Dubliner Zentrum nicht allzu oft zu Gesicht bekam. Die wenigen Mädchen und Frauen, die keine Touristinnen waren, trugen meist Jogginganzüge, Pferdeschwanz, Goldschmuck. Dazwischen standen bunt gemischt gedrungene, meist gescheckte, teils recht erbärmlich aussehende Kinderponys und Kutschengäule. Wie ich später erfuhr, hießen diese Pferde mit den langen Haaren an den Unterschenkeln Tinker, benannt nach den Kesselflickern, der fahrenden Bevölkerung Irlands, die sie ursprünglich als Zug- und Arbeitspferde einsetzte.

Noch vor Mittag war es ungewöhnlich warm; es roch nach Schweiß, Dung und Urin. Die Männer diskutierten lebhaft, scherzten und verhandelten. Dazwischen wurde ein Blick auf einen Gaul geworfen, der Huf gehoben, inspiziert. Außer Pferden waren auch Sattel, Zaumzeug, anderes Zubehör und sogar alte Kutschen herbeigekarrt worden. Am anderen Ende des Platzes jagten raue Jungs im Alter zwischen acht und sechzehn ihre Pferde in einem Tempo übers Kopfsteinpflaster, das man diesen behäbig wirkenden Tieren gar nicht zugetraut hätte. Die meisten Reiter saßen auf dem blanken Rücken, als Zügel ein Seil in der Hand.

Der Dubliner Stadtverwaltung ist der Markt schon lange ein Dorn im Auge. In den letzten Jahren sieht es so aus, als ob es ihr bald gelänge, ihn aus der Innenstadt zu verbannen. Als Gründe werden Hygiene- und Sicherheitsrisiken genannt. Einmal war ein Pferd aus dem offenen Gelände des Platzes ausgebüchst und mit einem fahrenden Auto zusammengeprallt. Allein: Die Stadt kann das Marktrecht nicht missachten und muss eine Alternativ-Fläche anbieten. Diese wird vermutlich weit draußen liegen, wo Touristen von diesem in den Augen vieler Dubliner rückständigen Spektakel nichts mitbekommen.

Seit der *Control of Horses Act* 1997 in Kraft trat, dürfen in so genannten städtischen „Control Areas" nur noch über 16-Jährige Pferde halten. Jedes Pferd braucht eine Lizenz, die rund 35 Euro kostet. Die Lizenz erhält, wer nachweisen kann, dass er wenigstens über einen Hektar privates Land und einen Stall verfügt und dass das Tier mit genügend Futter und Wasser versorgt wird. Außerdem darf nicht der Verdacht bestehen, dass das Pferd gequält wird oder dass der Halter keine Kontrolle darüber hat. Wer diese Bedingungen nicht erfüllt und dennoch ein Pferd hält, muss mit einer Geldstrafe oder schlimmstenfalls mit der Beschlagnahmung des Tieres rechnen.

Die meisten der so genannten Pony Kids aus den Satellitenstädten, die in den 1970er und 1980er Jahren am Dubliner Stadtrand hochgezogen wurden, sind zu jung und zu arm, um einen Hektar Land pro Pferd zu pachten und einen richtigen Stall zu bauen. Behelfsmäßige Unterkünfte sind nicht erlaubt. Wenn die Kinder ihre zotteligen Ponys, die oft ihr ganzer Stolz und Lebensinhalt sind, dennoch behalten, greifen die Behörden hart durch. Ab und zu berichten irische Medien über die alltäglichen Dramen, die sich in den tristen Schlafstädten abspielen.

Um ein Exempel zu statuieren und einigen Kids aus Dublins Problemvierteln eine Perspektive zu bieten, initiierten Irlands erfolgreichste Springreiterin Jessica Kürten, die mit einem Deutschen verheiratet ist und im Rheinland lebt, und der preisgekrönte Gartendesigner und erfolgreiche „Fernsehgärtner" Diarmuid Gavin das TV-Projekt „Diarmuids Pony Kids". Fünf pferdebegeisterte und fürs Reiten talentierte Jugendliche, die bisher ohne jeden Reitunterricht über die

Wiesen von Tallaght oder Finglas galoppiert waren, sollten ausgebildet werden und die Welt des Schaureitens kennenlernen, um – so das Ziel – im August 2007 auf Dublins Society-Event Nummer eins, der Dublin Horse Show in der RDS (Royal Dublin Society), ihr Können zu zeigen.

Jade, „Squeeky", Dean, Daryl und Thomas waren zwischen zwölf und sechzehn Jahre alt, als ihr zehnwöchiges Training begann. In sechs Folgen begleitete das irische Fernsehen die *Pony Kids* von ihrem Zuhause und innerstädtischen Pferdemärkten wie dem in Smithfield zum Training, zu Terminen wie einem Besuch bei der berittenen Einheit der *Gardaí*, zu einem Pferdezüchter in Connemara und zu Jessica Kürtens Gestüt in Deutschland. Es zeigte die Trainingsfortschritte, aber auch Disziplinprobleme und Ziellosigkeit der Jugendlichen. Was auch immer man von solchen TV-Formaten halten mag: „Diarmuids Pony Kids" ermöglichte dem Durchschnitts-Dubliner einen sanften Einblick in das Leben der Unterschicht seiner Stadt. Zugleich wurden die fünf Jugendlichen durchaus als Individuen gezeigt, die zwar häufig mit ähnlichen Schwierigkeiten zu kämpfen hatten, darauf aber teils ganz unterschiedlich reagierten. Ihr Auftritt war ein Erfolg, 2008 sollen sie bei weiteren Springturnieren teilnehmen. Auch für den Fernsehsender RTÉ One hat sich die Serie gelohnt: Im Februar 2008 wurde „Diarmuids Pony Kids" beim 5. Irish Film & Television Award im Gaiety Theatre in der Kategorie *Factual Entertainment* mit dem ersten Preis ausgezeichnet.

Mit dem Summerfeeling in Dublin war es so eine Sache. Ein Running Gag ging so: „Erinnert ihr euch an den Sommer letztes Jahr?" – „Ja, ich glaube, das war ein Donnerstag."

Den Gedanken im Hinterkopf, dass jede Sonnenstunde kostbar war, aßen wir zu Hause schnell etwas, tauschten unsere Ausgeh-Klamotten gegen Sommerkleidung ein, packten eine Tasche mit Badesachen und Proviant und machten uns auf zum Strand von Killiney. Es gab schöner gelegene Strände in Dublin und Umgebung, aber dieser war mit der DART vom Zentrum aus in zwanzig Minuten erreichbar. Man wusste ja nie, wann das Wetter umschlug. Erst kürzlich hatten wir ein groß angelegtes Picknick im Phoenix Park abbrechen müssen.

Das Wasser, meist graublau oder grau, leuchtete in der Sonne türkis und grünlich. Die Bucht, an dem die Villenvororte Killiney und Dalkey lagen, war voller Sonnenhungriger. Es blieb uns nichts anderes übrig, als unsere Handtücher zwischen die anderen zu quetschen. „Hätten wir geahnt, dass es heute so schön wird, hätten wir reserviert", scherzte Alex, als wir uns auf einem größeren, freien Fleckchen niederließen. Nach fünf Minuten wussten wir, warum dort niemand gesessen hatte. Das Baby habe Koliken, entschuldigte sich die Frau neben uns, deshalb schreie es so viel. Als Entschädigung bot sie uns alle möglichen Leckereien an. Leider müssten sie wohl bald gehen. Das Geschrei sei ja niemandem zuzumuten.

Als sie etwa eine halbe Stunde später aufbrachen, waren sie nicht die Einzigen. Wind brauste auf und der Sand flog uns um die Ohren. Wenn man keinen Mundschutz und keine Taucherbrille dabei hatte, war an ein Entspannt-auf-dem-Handtuch-Liegen nicht mehr zu denken. Regenschwere, tief hängende Wolken zogen auf. Mir fiel Julies Spruch nach unserem missglückten Picknick ein: „Das Gute am irischen Sommer ist, dass einem nie die Füße anschwellen." Für jemanden, der zumindest in der Stadt immer hohe Schuhe trug, war das sicher ein Riesenvorteil.

Juli – Wir bleiben noch

EIN PAAR SCHÖNE TAGE hatten wir doch noch in diesem Sommer, auch wenn das altmodische Wort Sommerfrische in Irland eine ganz neue Bedeutung bekam. Frisch im doppelten Sinn war die Luft fast immer. Selbst wenn es auf dem Thermometer tagsüber mit 23 Grad für Dubliner Verhältnisse heiß war, nahm ich immer etwas zum Überziehen mit. Allerdings nutzte auch das oft nichts. Der Wind, der praktisch nie ruhte, war meist schneller und jagte einem unvermittelt den nächsten Kälteschauer über den Rücken.

Der Sommer zeigte sich und wich wieder zurück, als könne er sich nicht entscheiden, ob er sich nur auf dem Festland (Katja meldete aus Nürnberg 28 Grad) oder auch in Irland niederlassen wollte. Ich ahnte, dass ich diesen Zustand würde akzeptieren müssen – schließlich war ich nicht auf Gran Canaria –, und versuchte damit umzugehen wie die Iren: Sie ignorierten den Wind, tranken ihren *latte* auf den Außenplätzen der Cafés und Restaurants, von denen jede Woche neue öffneten, und taten auch nachts bei 11 Grad, als wären sie an der Riviera.

Einen Vorteil hatte der irische Sommer doch: Wenn sich der Wind einmal legte und die Sonne schien, spürte man die Wärme auf der Haut viel intensiver als in Deutschland. Noch heute erinnere ich mich an ein paar Stunden mit Alex im Phoenix Park, als wir uns in Bikini beziehungsweise Badehose sonnen konnten, ohne zu frieren. Ein zweites Mal, als die Sonne ungehindert auf Dublin niederschien, fuhr ich mit meiner Schwester, die zu Besuch war, mit den Rädern in die Docks. Alex meinte, das grenze an Sonnenverschwendung, und nahm die DART nach Bray, um mit Ian die Bohlen für die neue Terrasse von Ians Elternhaus zu verlegen. Nachdem die Renovierung des Hauses mit Alex' Hilfe – er war doch noch zum *DIY (do it yourself)* gekommen und glücklich darüber – endlich abgeschlossen war, hatte Fiona, Ians Mutter, ihre neuen Pläne ausgebreitet. Inspiriert von Diarmuid Gavins Fernsehshows und seinen Büchern hatte sie ihren Traumgarten entworfen: „Eine schicke, aber schlichte grüne Oase mit einem Teich, viel Schilf und einer niedrigen, traditionell irischen Mauer als Sitzgelegenheit", zitierte Alex sie. Da John, Fionas Mann, sich geweigert hatte, die nächsten Wochen mit dem Anlegen der Terrasse, der Kieswege und künstlichen Tümpel zu verbringen – „bisher hat's der Rasen doch auch getan" –, musste Alex wieder ran. Nicht, dass ihn das gestört hätte. So konnten er und Ian sonntags in Baumärkten, Gartencentern und beim Buddeln an der frischen Luft ihre Freundschaft vertiefen.

Für den Besuch meiner Schwester Noemi hatte ich mir ein paar Tage frei genommen. Nachdem Katja so unbeeindruckt geblieben war, hoffte ich, dass meine Schwester für Dublin und vor allem für die Dubliner entbrennen würde, zumindest für die Dauer ihres Aufenthalts hier. Am Abend würden wir Olli, Saragh und Julie im Pub treffen. Vorher wollten Noemi und ich mit den Rädern in der Innenstadt herumkurven und in die Docks fahren.

An Schönwetter-Tagen wie diesem spielt sich in Dublin noch mehr als sonst draußen ab. Seit in Irland überall, wo gearbeitet wird, nicht mehr geraucht werden darf, also auch nicht in Pubs, Cafés und Restaurants, haben sich Gespräche, Nahrungs- und Flüssigkeitsaufnahme und Zigarettenpausen zunehmend auf die Bürgersteige verlagert. Bei Regen raucht man nun eben unter den Vordächern. Normalerweise bleibt man dort nicht lange alleine. Die Plätze vor und neben Gastrobetrieben gelten heute als die besten Kontaktbörsen der Stadt.

Vom *city centre* in Richtung Hafen wurde entlang des Flusses fast überall gebaut. Neben Gewerbeflächen sollte auch Wohnraum entstehen. London war, was die Nutzung der Docks im 21. Jahrhundert anging, Vorbild. Dublins brandneue *Docklands* begannen auf der Nordseite mit den Glasbauten des International Financial Services Centre (IFSC). Selbst unter der Woche ging es hier jedoch weniger hektisch zu als in der englischen Hauptstadt. An diesem Sonntag lebte das Viertel von Spaziergängern und jungen Leuten, die sich sonnten.

Auch wir gingen zu Fuß weiter. Auf dem Gelände befanden sich zum Erstbezug bereite Apartments. Ich konnte mir nicht vorstellen, dass viele Leute, die im IFSC arbeiteten, auch hier wohnen wollten. Direkt hinter dem Finanzzentrum lag eine Großbaustelle und dahinter ein tristes, altes Arbeiterviertel mit winzigen, aneinandergereihten Häuschen. Dort donnerten mit Schutt beladene Laster über die fast baumlosen, holprigen Straßen, und Lärm drang von den Arbeiten am Wasser her. Noch wurde hier so gut wie nichts erneuert, aber bestimmt würde es nicht mehr lange dauern, bis auch diese zentral gelegenen Grundstücke der Immobilienspekulation anheimfielen. Dann würden wohl auch diese Alteingesessenen, meist Geringverdiener oder Arbeitslose, in die Satellitenstädte rund um Dublin ziehen, weil sie sich, wie bereits ein Viertel der Dubliner, nicht einmal mehr ein kleines Reihenhaus leisten könnten. Und das in einem Land, in dem traditionell fast jeder im eigenen Haus wohnte.

Das viel besungene „dear old Dublin" ist voller Kontraste. Ob das etwa im Jahr 2020 noch so sein wird, wenn in Dublin, bei gleichbleibend starker Zuwanderung, eine Million Menschen mehr leben werden, oder ob dann alles einheitlich auf Hochglanz gebracht sein wird, wird sich herausstellen. Noch prallen in den Docks die Gegensätze besonders hart aufeinander. Dubliner, die zu den Bestbezahlten Irlands gehören – nicht nur die Angestellten im IFSC, auch Bauleiter, Kranführer und Verkäufer von Alarmanlagen –, gehen ihrem Tagwerk nur ein paar hundert Meter neben Häuserzeilen nach, wo kirchliche und staatliche Einrichtungen versuchen, gegen Alltagstristesse, Gewalt und Drogen vorzugehen.

Ein Kindergarten um die Ecke war vierfach gegen Einbrecher geschützt: Umgeben war das Grundstück von einer kniehohen Mauer, auf der sich ein schmiedeeiserner Zaun erhob; die Fenster waren vergittert und eine Alarmanlage blinkte über der Tür. Solche Sicherheitsmaßnahmen waren nicht unüblich, vor allem nicht in den alten Stadtteilen. Ob Maschendrahtzaun oder Stacheldraht, eine hellgrau oder weiß verputzte oder roh belassene Backsteinmauer, schmiedeeiserne oder hölzerne, reich verzierte oder schlichte Zäune ... Dass es derart viele Arten gab, etwas abzutrennen oder zu schützen, und so viele Kombinationen daraus, war mir erst in Irland aufgefallen.

Natürlich hatte es auch in den Docks immer Standesunterschiede gegeben: In den wenigen vornehmeren Häusern, die heute noch hinterm IFSC stehen, lebten vor dreißig Jahren sicher keine einfachen Hafenarbeiter. Aus den schäbigen Gässchen gegenüber, die First Avenue, Second Avenue und Third Avenue hießen, kamen an diesem Mittag ein asiatisch aussehender junger Mann und bleiche Teenager in *tracksuits* (Jogginganzügen). Letztere holten sich in einem *corner shop* kleine Chips-Tüten mit *crisps* in den Geschmacksrichtungen *cheese'n'onion* und *salt'n'vinegar*. Ältere Frauen standen rauchend vor dem Lädchen und unterhielten sich.

Wir fuhren noch kurz ans andere Flussufer. Die Gegend war eher gemischt: graue, alte Granitgebäude mit bunten Graffitis unweit von schicken Restaurants; gläserne Hochhäuser und Großbaustellen und um die Ecke Backsteinsiedlungen mit Mini-Vorgärten, in denen sich Gartenzwerge und dicke Keramikkröten tummelten. Zurück in der City tranken wir einen *Caramel Cino Ice* bei Bewley's, kauften fürs Abendessen ein und machten uns auf den Rückweg in die James's Street.

Meine Schwester blieb eine Woche. Mit ihr zusammen besichtigte ich fast mehr Sehenswürdigkeiten als in den ganzen Monaten zuvor. Und ich zeigte ihr meine Lieblingsplätze: Wir liefen ein Stück des steilen, wilden Küstenwegs in Howth entlang und beobachteten danach auf dem Ostpier, wie die Wellen gegen die Felsen rauschten und kleine, aufgedreht zwitschernde Vögel im Wasser herumhüpften. Wir fuhren zu den Elfen nach Glendalough, trafen uns im Café en Seine mit Julie, Saragh und Olli und joggten durch den Phoenix Park. Einen Abend lang saßen wir mit Susana und Mikel in deren eiskalter Wohnung in einer ehemaligen Abtei und – das Highlight – besuchten ein relativ kurzes, aber nachklingendes Konzert von Sinéad O'Connor im *live music club* Vicar Street, ganz bei uns in der Nähe.

Mit den Augen meiner Schwester erlebte ich einige Facetten von Dublin noch einmal neu. Die Tage vergingen wie in Zeitlupe, jeder Moment war wichtig. Ich war froh und aufgeregt, dass Noemi hier war, und entspannte mich erst, als klar war, dass sie Dublin und die Menschen, die mir am Herzen lagen, sehr mochte. Sie flog einen Tag nach Alex' Geburtstag ab und verpasste somit leider die *dinner party*, zu der Alex und ich am Samstag drauf geladen hatten.

Alex wollte unbedingt Muscheln servieren, obwohl keine Saison war und keiner von uns wusste, wie man sie zubereitete. Zum Glück bot Julie an, uns zu helfen. Als sie um sechs Uhr immer noch nicht da war – um sieben sollten die Gäste kommen –, versuchte ich, sie zu Hause, auf dem Handy und bei Marc zu erreichen. Nichts. Etwas später stand sie, alles andere als abgehetzt, vor unserer Tür und schwang sich in die Küche. Alex assistierte, während ich beim Spar Zutaten holte, die wir vergessen hatten. Das Essen war tatsächlich fast fertig, als es klingelte.

Till und Marion waren die Ersten. Kurz darauf trafen Olli, Susana, Mikel, Saragh, Johnny und Frédéric ein. Maeve und Alex' Kollegen Ciaran und Aoife (die gälische Form von Eva) hatten keine Zeit, Mary und Paul waren im Urlaub, und Ian hatte angekündigt, er komme später.

Bei Muscheln und Weißwein erzählte Till von seiner neuen Stelle auf dem Bau. Vor dem Studium hatte er Maurer gelernt und vor kurzem gewechselt, weil er als Maurer in Dublin mit Überstunden das Anderthalbfache bis Doppelte von seinem Gehalt im Call-Center verdiente. „Meine Eltern waren natürlich schockiert und haben mich gefragt, warum ich überhaupt studiert hätte."

„Irgendwie nachvollziehbar", meinte Alex.

„Ähnlich werden wohl auch meine Freunde in Deutschland reagieren", fuhr Till unbeirrt fort. „Noch habe ich keinem davon erzählt. Die halten mich sicher für übergeschnappt. Den Schritt, nach Irland zu gehen, konnten einige gerade noch nachvollziehen: Wenn man zu Hause keinen Job in seinem erlernten Beruf bekommt, okay, dann kann man ja für ein, zwei Jahre ins Ausland gehen. Dass ich jetzt aber trotz Studiums einen Job mache, bei dem man körperlich hart arbeitet, das können bestimmt nur wenige verstehen."

Zustimmendes Gemurmel von Olli und mir.

„Was ist schon dabei?", fragte Saragh. „Wenn es Spaß macht und das Geld stimmt."

„So denkt kaum jemand in Deutschland. Zumindest nicht in der Mittelschicht." Ich schenkte uns Wein nach.

„Genau. Man verlässt die Bahn, die man einmal eingeschlagen hat, nicht. Das tut man einfach nicht. Ein gerader Lebenslauf ist in Deutschland immer noch das Nonplusultra, um beruflich voranzukommen. Trotz der hohen Arbeitslosigkeit ist man in Deutschland kaum flexibler geworden. Die Jungen schon, aber was nützt ihnen das, wenn Vokabeln wie ,ausprobieren' und ,wechseln' für die meisten Arbeitgeber ein rotes Tuch sind."

Oje. Olli redete sich in Rage.

„Unsere Elterngeneration und somit unser Gesellschaftssystem ist zu sehr auf Sicherheit gepolt."

„Die irische Mittelschicht war das auch immer. Wie ihr wisst, brauchen wir die eigenen vier Wände, um uns wenigstens einigermaßen abgesichert zu fühlen", feixte Johnny.

„In Belfast war nie etwas sicher." Julies Eltern waren noch viel mehr als sie selbst von dem Gefühl geprägt, dass sich das Leben stündlich ändern kann. „Die Attentate, ständig wurden Leute gesucht oder versteckt, es gab keine Jobs für Katholiken, dauernd sind Verwandte und Freunde aus den USA oder England angekommen oder abgereist." Im Norden erlebten die Menschen, so Julie, erst seit ein paar Jahren einen Hauch von Kontinuität und Sicherheit.

„Vermutlich bist du auf der Baustelle nicht der einzige Akademiker, der den ganzen Tag malocht, are you, Till? Sag deinen Eltern einfach, dass einige deiner polnischen Kollegen sogar promoviert sind, das hat meine damals, als ich bei McDonald's arbeitete, zumindest für kurze Zeit beruhigt."

„Na ja, für sehr kurze Zeit", erinnerte Mikel Susana. „Gibt's denn in der Firma, wo du bist, Aufstiegschancen? Wenn nicht, kann ich mich in einem halben Jahr oder so mal bei uns in der Firma umhören."

„Ich weiß nicht, mal sehen. Danke für dein Angebot. Ich glaube auch nicht, dass das meine Eltern beruhigt, Susana. Wenn der polnische Maler, der das Haus meiner Eltern streicht, einen Doktortitel hätte, würde das niemanden wundern. Aber dass sich ein Akademiker aus dem reichen Deutschland im Ausland auf dem Bau abrackert, das wird von vielen Deutschen einfach als unter unserer Würde angesehen – auch wenn der Job so gut bezahlt ist wie eine Führungsposition in Deutschland."

„Genau", mischte Olli sich ein, „das ist deutscher Snobismus: jammern, aber nicht unter seinem gesellschaftlichen Stand arbeiten. Ich bin froh, dass ich hier weit genug davon entfernt bin." Olli hatte nicht vor, bald nach Deutschland zurückzukehren.

„Es ist schon eine Umstellung. Ich meine, vorher habe ich den ganzen Tag gesprochen und mich kaum bewegt, jetzt ist es genau das Gegenteil." Till erntete mitleidige Blicke. Kaum jemand von uns hätte so einen Job gemacht, Olli trotz seiner flammenden Rede wohl auch nicht. „Aber wir brauchen das Geld." Till sah Marion an, aber die blieb stumm. Also ergänzte er: „Marion und ich wollen eine Wohnung kaufen."

Die Nachricht schlug bei mir ein wie eine Bombe. Till und Marion, die erst ein paar Monate zusammen waren, wollten gemeinsam in Dublin eine Wohnung kaufen!?! Das hieß, sie wollten bleiben. Wenn nicht für immer, so doch mindestens für ein paar Jahre. „Aber ... seid ihr sicher?", murmelte ich. „Ich meine, das finanzielle Risiko und die Entfernung zu Deutschland und das Wetter ..." Etwas Besseres fiel mir nicht ein. Ich musste selbst lachen.

„Ja. Ein paar Wohnungen haben wir uns schon angesehen, die richtige war aber noch nicht dabei." Marion klang, als sei das Thema für sie bereits ein alter Hut. „Und wir heiraten. Aber erst nächstes Jahr."

Im allgemeinen Glückwunschtaumel spürte ich Alex' Blick auf mir. In den letzten Monaten hatten wir nicht mehr darüber gesprochen, wie lange wir noch in Irland bleiben würden. Warum auch? Seit dem Umzug in die City ging es uns gut. Wir standen immer noch am Anfang, waren weiterhin dabei, uns einzuleben. Ich kam mir manchmal vor wie die kleine Raupe Nimmersatt, noch mindestens ein Jahr vor der Verpuppung. Auch wenn der Alltag nun weniger abenteuerlich war, zu entdecken gab es in Dublin genug. Schon allein, weil sich die Stadt so schnell wandelte. Und die Iren verwirrten mich in mancher Hinsicht immer noch genauso wie am Anfang. Wie war es möglich, dass sie so *relaxed* und *easygoing* waren und so sehr in der Gegenwart lebten? Warum erinnerten sie sich häufig nicht an neue Bekannte, wenn sie sie doch offenbar in ihr großes irisches Herz geschlossen hatten? Warum war eine gute Geschichte meist wichtiger als die Wahrheit? Und wie konnte man bei so viel Regen so mitreißend fröhlich und freundlich sein? War es überhaupt möglich, diese Dinge zu verstehen? Konnte man sich als Deutsche in Dublin heimisch fühlen? Tanja, eine Stuttgarterin, die ich im Fitness-Center kennengelernt hatte und die seit acht Jahren in Irland war, hatte fünf Jahre gebraucht, um sich hier zu Hause zu fühlen, sagte sie. Dass sie seit sechs Jahren mit einem Iren zusammen war, hatte sicher geholfen.

Ich überlegte, ob es langsam an der Zeit für einen Besuch bei Mrs. Murphy, der Wahrsagerin in der Nähe der O'Connell Street, war. Aber selbst für einen Termin bei ihr fühlte ich mich nicht bereit. Wir hatten längst nicht alles ausgekostet, was Dublin zu bieten hatte, auch beruflich. Als Stadt im Aufbruch bot Dublin flache Hierarchien und die Freiheit, Dinge auszuprobieren – im Arbeitsleben jedoch mehr als etwa hinsichtlich der Lebensweise. Szenen, Kultur- und Wohnformen abseits des Mainstreams entwickelten sich nur langsam. Wenn sie aufblühten, dann war das oft zum großen Teil ein Verdienst von Spaniern, Afrikanern, Polen, Rumänen oder anderen Einwanderern. Das wohlige Gefühl, Teil eines nach alten gesellschaftlichen Regeln funktionierenden harmonischen Ganzen zu sein, ging vielen Iren (noch) über ihren Selbstverwirklichungsdrang. Einerseits glauben gerade junge Iren daran, dass man heute in Dublin so ziemlich alles haben oder sein kann, wenn man nur genügend an sich glaubt. Andererseits wollen sie nicht zu sehr aus der Masse herausstechen, denn im Pub sind alle gleich. Und Iren „love to have a drink with friends".

Wenn junge Menschen unterschiedlicher Herkunft, die nach dem richtigen Leben für sich suchen, aufeinandertreffen, führt das zu wackeligen Verhältnissen. Was uns anging, sahen die so aus: Till und Marion würden sich in Dublin niederlassen, Julie dagegen war schon wieder bereit zum Abflug. Mark wollte gerne zurück in seine Heimat, also lernte Julie Holländisch. Ihr war nicht so wichtig, wo sie lebte, aber sie wollte ihre kreative Ader ausleben und Grafikdesign studieren – egal ob in Dublin, London oder Amsterdam. Saragh sagte, sie könne sich zwar vorstellen, außerhalb Irlands zu leben. Aber warum sollte sie das tun? Schließlich sei ihre Generation die erste, die nicht auswandern müsse, um anständig leben zu können. Sie wollte Teamleaderin werden, drei Kinder kriegen und berufstätig bleiben, im Moment aber nur ihr Leben genießen. Johnny würde vielleicht seine zornige Kritik an Arbeits- und Konsumwut und anderen Missständen so umlenken, dass sie nicht mehr sinnlos verpuffte. Ich konnte mir gut vorstellen, dass er in die Politik ging. Susana hatte eine berufsbegleitende Fortbildung begonnen und hoffte, bald in Dublin und ein paar Jahre später in Spanien als Chemikerin arbeiten zu können.

Maeve würde wohl in ein paar Jahren heiraten und ein Haus in der Nähe ihrer Eltern kaufen. Möglich erschien mir neuerdings jedoch auch, dass sie das Interesse an einer Karriere als Ingenieurin und an einer Immobilie verlieren und in eine Hippie-WG in Rathmines ziehen würde. Vor kurzem hatte sie mich mit der Ankündigung verblüfft, einen Yoga-Kurs besuchen zu wollen. Ich fragte mich, wie Maeve das noch neben Arbeit und Studium unterbringen wollte, davon abgesehen hätte ich ihr eher Marathonlaufen als Yoga zugetraut, aber sie war in ihrer plötzlichen Begeisterung kaum zu bremsen. „Weißt du, was Kathy sagt?" Kathy war ihre Cousine, die seit kurzem Yoga machte. „Kathy ist der Meinung, it's all about spirit these days."

Ich war so verdutzt, solche Worte aus Maeves Mund zu hören, dass ich sie erst mal nur anstarren konnte. Um etwas zu sagen, fragte ich: „Was meint sie damit?"

„Na ja, die richtige Geisteshaltung, Lebenseinstellung, darauf kommt es an. Eine Balance zwischen Arbeit und Muße, zwischen Anspannung und Entspannung zu finden."

„Hört sich gut an."

„Kathy meint, seit sie Yoga macht, sei sie viel geduldiger und ausgeglichener, was ihr wiederum auch im Job zugutekommt."

„Ähm, hold on. Du willst also Yoga machen, weil du denkst, es hilft dir beruflich?"

„Langfristig gesehen vielleicht. Es kann auf jeden Fall nicht schaden, oder?"

Das Telefon in unserer Wohnung klingelte. Ian war dran. Er fragte, wie weit wir mit dem Essen seien und ob wir nicht in die City kommen wollten. Er sei dort mit ein paar Kumpels, die würden uns gerne kennenlernen.

Aha. Ian hatte eigentlich versprochen, nach ein paar Pints zu uns nach Hause zu kommen. Alex und ich wollten ihn und Saragh im kleinen Kreis bekannt machen. Wir glaubten, die beiden würden wunderbar zusammenpassen. Nachdem wir kurz beratschlagt hatten – die meisten von uns wollten noch in einen unserer Lieblingspubs, ohne das Bad in der Menge fehlte am Samstagabend etwas –, verteilten wir uns auf Tills und Mikels Autos. Kurz darauf fuhren wir durch die Thomas Street und an dem Club vorbei, in dem Till und Marion mit Noemi und mir beim Sinéad-O'Connor-Konzert gewesen waren. Marion begann, Julie davon vorzuschwärmen, und dann sang Sinéad O'Connor in Tills Auto:

„In Dublin's fair city,
Where the girls are so pretty,
I first laid my eyes on sweet Molly Malone …"

Julie legte den Kopf an meine Schulter und fragte: „So sentimentales Zeug gefällt dir, was?!"

„Klar. Dir nicht?"

„Doch. Aber, *come here*, ich muss dir was sagen. Es wird nicht leicht sein, das zu verkraften, das heißt, du musst stark sein. Versprichst du mir das?

„What are you talking about?"

„Sinéad O'Connor ist ein Engel, eine Außerirdische, was auch immer, jedenfalls keine typische Irin, verstehst du? Sie ist besser als die meisten Iren: ehrlicher, mutiger, radikaler, spiritueller, gläubiger, kämpferischer und schöner."

Ich lachte. „Und sie hat keine Angst, Gefühle zu zeigen."

„Exactly. Sie ist eine Heilige. Deswegen ist sie völlig ungeeignet, um in euern deutschen Augen das heutige Irland zu repräsentieren, right. You know what I'm saying?"

„Ja, sicher." Ich sah Johnny an, dass er genauso wenig verstand, wie Julie darauf kam, dass ich, Till oder Marion Sinéad O'Connor als Repräsentantin des Neuen Irland verehrten. Wenn überhaupt, stand sie eher für den in der Tradition verwurzelten Part.

„Und wer steht deiner Meinung nach für das heutige Irland?"

„Keine Ahnung. Wir alle vielleicht. Whadoyouthink?"

„Gehören die auch dazu?" Johnny zeigte raus auf zwei Jugendliche, die sich in den Rinnstein übergaben.

„Ugh!" Julie wandte sich angewidert ab.

„Look at that fucking waste of money. Mit dem, was die intus haben, hättet ihr eure halbe Hochzeitsgesellschaft versorgen können, Till."

Till grinste gezwungen, und Marion meinte nur: „God love you, Johnny."

Johnny entschuldigte sich. „Sorry. Ich bin sicher, ihr besorgt für eure Hochzeit Getränke, von denen euern Gästen nicht schlecht wird."

Marion musste lachen. „Was schlägst du vor? Reinen Alkohol ohne eklige Zusatzstoffe?"

„Sicher keinen Glühwein. Nach ein paar Tassen fühlt man sich schlimmer als nach einem St. Patrick's Wochenende."

„Keine Angst. Wir haben nicht vor, auf dem Weihnachtsmarkt zu heiraten."

„Little Johnny ist eifersüchtig, er möchte auch gerne heiraten. Stimmt's, Gorgeous? Falls es jemanden interessiert ... (Julie legte eine Kunstpause ein): Meine Hochzeit findet frühestens in fünf Jahren in Belfast statt, wenn ich und meine Familie so reich sind, dass wir Champagner aus Eimern trinken können. Dann will ich euch natürlich dabei haben."

„In fünf Jahren ... Vielleicht lebst du dann in Amsterdam, hast drei Kinder mit weißen Hauben über grün-weiß-orangefarbenen Haaren und Alex und ich ein Weingut ın Südfrankreich. Glaubst du, wir würden einander dann noch zu unserer Hochzeit einladen?"

Julie seufzte leicht. „Warum denn nicht, ma chère? Was spricht dagegen? Wäre doch wirklich traurig, wenn wir uns aus den Augen verlieren würden. C'mere, I need a hug right now." Julie drückte mich an sich. „Ich liebe dieses Umarmen. Habt ihr gewusst, dass wir uns früher außerhalb der Familie nie umarmt haben? Erst die Spanier und Franzosen mit ihrer Küsserei haben uns drauf gebracht."

Ein paar Meter vom Pub entfernt war ein Parkplatz frei. Als wir ausgestiegen waren, hakte Julie mich und Johnny unter und meinte: „All right lads. Es ist Samstagabend. Keine düsteren Gedanken mehr. Wir wollen uns doch schließlich amüsieren." Im Pub umfingen uns ein leicht süßlicher Dunst und Geigenklänge. Die Musiker sah ich nicht, dazu war es zu voll, aber Alex und die anderen standen direkt am Eingang. Wir begrüßten uns, als hätten wir uns tagelang nicht gesehen. Ich war kurz versucht, insbesondere Susana, Saragh, Olli und natürlich Julie zu sagen, wie froh ich war, sie zu kennen. Stattdessen nahm ich Bestellungen auf und ging mit Alex die erste Runde holen.

Danksagung

Ich bin vielen Freunden und Kollegen zum Dank verpflichtet, unter anderem Anja Brossog, Carola Rieger, Andreas Schädlich, Michael Jankowsky, Tara Fusco und Jane O'Brien. Insbesondere danke ich Esther Villachica, Dagmar Schwelle, Diana Ghane und Marie-Luise Villachica für anregende Gespräche, Kritik und Ermutigungen, ihre Geduld und tatkräftige Unterstützung.